10 Lições sobre
MAX WEBER

Dados Internacionais de Catalogação na Publicação (CIP)
(Câmara Brasileira do Livro, SP, Brasil)

Albino, Luciano
  10 lições sobre Max Weber / Luciano Albino. –
Petrópolis, RJ : Vozes, 2016. – (Coleção 10 Lições)

2ª reimpressão, 2019.

Bibliografia
ISBN 978-85-326-5156-3

1. Sociologia 2. Sociologia alemã 3. Weber,
Max, 1864-1920 I. Título. II. Série.

15-09231   CDD-301

Índices para catálogo sistemático:
1. Sociologia weberiana   301

Luciano Albino

10 Lições sobre
MAX WEBER

Petrópolis

© 2016, Editora Vozes Ltda.
Rua Frei Luís, 100
25689-900 Petrópolis, RJ
www.vozes.com.br
Brasil

Todos os direitos reservados. Nenhuma parte desta obra poderá ser reproduzida ou transmitida por qualquer forma e/ou quaisquer meios (eletrônico ou mecânico, incluindo fotocópia e gravação) ou arquivada em qualquer sistema ou banco de dados sem permissão escrita da editora.

CONSELHO EDITORIAL

Diretor
Gilberto Gonçalves Garcia

Editores
Aline dos Santos Carneiro
Edrian Josué Pasini
Marilac Loraine Oleniki
Welder Lancieri Marchini

Conselheiros
Francisco Morás
Ludovico Garmus
Teobaldo Heidemann
Volney J. Berkenbrock

Secretário executivo
João Batista Kreuch

Editoração: Flávia Peixoto
Diagramação e capa: Sheilandre Desenv. Gráfico
Ilustração de capa: Studio Graph-it

ISBN 978-85-326-5156-3

Editado conforme o novo acordo ortográfico.

Este livro foi composto e impresso pela Editora Vozes Ltda.

Dedico este livro aos meus filhos: Marina, Felipe e Lucas.

Para quem não pode enfrentar como homem o destino da época, devemos dizer: possa ele voltar silenciosamente, sem a publicidade habitual dos renegados, mas simples e quietamente. Os braços das velhas igrejas estão abertos para eles, e, afinal de contas, elas não criam dificuldades à sua volta

(WEBER. "A ciência como vocação").

Sumário

Introdução, 9

Primeira lição – Exercício biográfico, 13

Segunda lição – Fundamentos sociológicos, 21

Terceira lição – Metodologia, 31

Quarta lição – Política, 41

Quinta lição – Ciência, 49

Sexta lição – Religião, 59

Sétima lição – Economia, 69

Oitava lição – Direito, 77

Nona lição – Burocracia, 87

Décima lição – O intelectual, 97

Conclusão, 105

Referências, 107

Introdução

Para construção deste texto – *10 lições sobre Max Weber* – o caminho escolhido foi selecionar temas relevantes, aqueles que ele mais destacou em sua vida para esclarecer didaticamente elementos fundamentais do seu pensamento. Para tanto, cada lição será elaborada a partir da interpretação de um texto original, no intuito de ser o mais fiel possível ao que o próprio Weber escreveu na sua longa e densa obra.

Uma vez que este trabalho visa divulgar a produção intelectual de Max Weber para um público de alunos universitários, a preocupação central consiste em apresentar conceitos complexos de forma clara e simples, sem cair na superficialidade. Nesse caso, mostra-se desafiador, tendo em vista que há dois abismos à espreita: tanto o da erudição profunda, e, às vezes, impenetrável, do autor, quanto o seu outro lado pueril e pouco esclarecedor. Pode-se dizer que a proposta deste livro é um entremeio de caráter pedagógico que intenta facilitar aos mais novos o entendimento e estimular a curiosidade para maiores inserções na obra de Max Weber.

Nosso objetivo consiste em inspirar os leitores ao investimento na leitura deste que foi um dos pilares do pensamento social no século XX. Para tanto, em cada lição, à medida que o assunto for abordado, serão indicadas as referências bibliográficas para simultâneas ou posteriores consultas.

Em linhas gerais, este livro se inicia com dados biográficos que já esclarecem a personalidade de Weber e sua dedicação à carreira acadêmica, mesmo diante de graves problemas de saúde que lhe fizeram se afastar do trabalho. Em seguida, para dar início ao pensamento conceitual propriamente dito, são explicados conceitos fundamentais da sociologia compreensiva como ação e relação social, além da definição do próprio campo de estudo sociológico. Na terceira lição, dando continuidade ao esforço de analisar a dimensão conceitual, investe-se na compreensão metodológica. A elucidação dos referenciais teóricos e metodológicos dá a substância científica necessária para se entender o que está posto nas lições posteriores.

As duas lições seguintes estão baseadas em palestras e textos de Max Weber sobre política e ciência, nos quais elucida o campo de cada um, além de diferenciá-las sistematicamente. A sexta lição é dedicada ao estudo da religião, área sobre a qual destinou muito esforço de investigação erudita. Diante de sua reconhecida capacidade de fundamentar historicamente análises, explora o fenômeno religioso de forma ampla, além de tratar das peculiaridades do mesmo no Ocidente.

As lições que se seguem possuem grande aproximação entre si. O estudo da economia, do direito e da burocracia – sétima, oitava e nona – destina-se ao entendimento da sociedade em que viveu e do que ele chamou de racionalização da vida, com destaque para o Estado e o direito racional moderno e os impactos na conduta individual provocados pela ética religiosa protestante dos Estados Unidos.

A última lição é dedicada à figura intelectual de Weber, a forma como ele se colocava diante da comunidade acadêmica alemã e defendia com entusiasmo valores como integridade e honestidade intelectual. Nessa última lição, aparece um Weber mais passional e eloquente na crítica ao processo de seleção de catedráticos sem o devido rigor científico. A ideia é mostrar a face mais humana do autor no momento em que defendia a conduta intelectual como sua arma para se posicionar na sociedade em que viveu, com erudição e forte senso de nacionalidade, tal se esperava de um legítimo oficial alemão.

Portanto, sintam-se convidados aos passos iniciais de um caminho longo, mas de paisagem diversa, curiosa e monumental. Espero que depois destas dez lições cada um se sinta compelido a novos desafios compreensivos sobre nosso autor.

Primeira lição

Exercício biográfico

A vida e morte de Max Weber ocorreram em um contexto histórico marcado pelo processo de unificação do Estado alemão e o fim da Primeira Guerra Mundial. Nesse período, pôde-se constatar como o país se tornou, a exemplo de outras nações europeias, um império no mais amplo sentido, quer dizer, cultural, econômico e bélico, ao mesmo tempo em que ruiu com o Tratado de Versalhes (1919). Nesses termos, o filho do Sr. Max Weber – jurista e importante comerciante – nasce em Erfurt, a 21 de abril de 1864, numa família tipicamente alemã daquela época: protestante, liberal, culta e burguesa, devidamente posicionada no âmago do debate político de seu tempo. Morre prematuramente de pneumonia em junho de 1920. O ambiente político e de intensa vida intelectual em que esteve inserido favoreceu a Weber as condições históricas a partir das quais ele construiu sólida erudição e prestígios político e acadêmico, em uma vida marcada por graves problemas de saúde mental e cioso trabalho acadêmico.

As expectativas lançadas para sua geração estavam relacionadas à consolidação do império e a como destacá-lo entre as potências europeias. Em outras palavras, seus pais e a nação esperavam dos jovens a dedicação e o entusiasmo patriótico para transformarem seu país num eixo de vitórias e conquistas, típicas da tradição germânica. Dessa forma, a imagem que melhor traduz Max Weber não é de intelectual, no sentido diletante, romântico, evasivo ou alheio ao momento em que viveu, mas sim, de um típico oficial alemão, dotado de rigorosa formação militar e acadêmica que lhe permitiu se posicionar como marco do pensamento germânico do início do século XX e, por que não dizer, da inteligência ocidental moderna.

Sua mãe, a Sra. Helene Fallenstein, culta e moralmente rígida, descendia de intelectuais e se dedicou com afinco à educação dos filhos e da ordem doméstica, de acordo com os preceitos protestantes; enquanto seu pai, focado aos assuntos comerciais, garantia a estabilidade financeira da família, além de se situar como político local importante, de orientação liberal de direita no âmbito de Berlim. A fertilidade do espaço doméstico, em termos econômicos e intelectuais, enriquecidos pela oportunidade de muitas viagens, viabilizou a Max Weber uma educação pouco convencional, o que lhe destacou como precoce em relação a outros de sua idade, especialmente porque se debruçou assiduamente à leitura, dando-lhe prioridade disciplinada à elaboração de compreensões aprofundadas e pacientes, com destaque inicial à história.

O fato é que a adolescência se revelou um período de enfrentamento aos valores da família patriarcal e puritana. O pai passou a ser visto como tirano e a mãe, vítima passiva na rede de rigores e cobranças impostas pelo chefe da família. Esse distanciamento ficou ainda mais acirrado quando do seu ingresso na Universidade de Heidelberg, onde se matriculou em Direito, como o fizera seu pai.

A experiência universitária foi bastante intensa, tanto nos estudos quanto na vida social. Seja nos duelos, nas leituras e no uso do álcool, Weber viveu a academia de modo que a mesma o transformou física e intelectualmente, para o espanto de sua mãe quando o reviu. As dívidas com jogo de cartas, as distrações sociais e o álcool lhe impuseram cicatrizes profundas. É somente com a vida militar, aos 19 anos, em Estrasburgo, que a disciplina do corpo e dos atos se estabelece nele de forma mais sentida.

Inicialmente desafeito à rotina militar, passa em seguida a admirá-la. Os estudos de filosofia, história e economia eram por ele mais procurados, um hábito bem diferente do cotidiano militar, que lhe pareceu estúpido.

Porém, na condição de oficial, percebe como útil e importante o treinamento militar, quando admira a mentalidade marcial e patriótica ali cultivada. O fim desse período e dos estudos de direito lhe qualificam para uma vida dedicada ao trabalho nos tribunais de Berlim, onde vivia com os pais e, aos 25 anos de idade, doutorou-se ao escrever uma tese sobre uma área intermediária entre direito e história, especificamente a respeito das companhias de comércio na Idade Média. Especializa-se em Direito Comercial e aos 30 anos assume a cátedra de Economia na Universidade de Friburgo. Em seguida, vai trabalhar em Heidelberg (1896), ocasião em que passou a circular entre os mais eminentes intelectuais alemães de sua época.

A vida de êxito profissional foi bruscamente afetada por problemas de saúde que afetaram sua sanidade mental, destacados pela irritabilidade nervosa e a depressão. Sua dedicação ao trabalho era notória e preocupante. Tornou-se um *expert* em bolsa de valores e passou a ser requisitado sobremaneira para proferir palestras, cursos e seminários. Seu matrimônio ocorreu em 1893 com Marianne Weber. A jovem, bastante culta, tornou-se sua principal biógrafa, além de escritora e participante do movimento feminista, companheira nos momentos de glória e de enfermidade.

O estado de saúde de Weber foi bruscamente afetado pela morte de seu pai, depois de os dois terem grave discussão. Os momentos seguintes de sua vida estiveram marcados pela depressão, colapso nervoso e fases exaustivas de trabalho e viagens. Tais circunstâncias passaram a definir os ciclos da vida de Weber, seus altos e baixos. Foi só após o longo período de adoecimento e tentativas de cura que retorna a ler e entusiasmar-se ao estudo disciplinado, agora, às reflexões sobre Ciências Sociais.

Só em 1904 consegue retomar sua capacidade de produção intelectual e escreve importantes trabalhos como *Objetividade nas Ciências Sociais* e dá início à obra que o tornará conhecido mundialmente: *A ética protestante e o espírito do capitalismo*.

Seu anterior estado de esgotamento nervoso e de irritabilidade cessou e pôde construir um vínculo de estudos com os Estados Unidos, ao trabalhar em conferências em St. Louis e conhecer de perto a emergente potência capitalista americana, notadamente percebida como nobre pelo aparato político democrático e burocrático que lhe dava peculiaridade naquele momento de velhos impérios europeus.

Conhecer os Estados Unidos representou uma "virada" na vida de Weber. Viajar pelo país todo, identificar as mudanças de norte a sul, visitar bibliotecas de importantes universidades como Harvard e Colúmbia. Enfim, experiência singular que o impressionou e lhe deu elementos históricos e sociológicos profundos em significado para melhor compreender relações causais entre o moderno capitalismo e a ética protestante vivida pelos colonos da América. Tais observações o fizeram produzir o ensaio *Igrejas e seitas* de 1906, o qual serviu de base para publicação da segunda parte da obra *A ética protestante e o espírito do capitalismo*, que tivera publicação da primeira parte em 1905.

Embora ele estivesse diretamente ligado à tradição alemã no tocante à formação militar e ao patriotismo, sua postura caminhou paulatinamente da monarquia para a democracia republicana e pacifista, racional e especializada, que considerava, politicamente, a mais adequada ao contexto moderno. De todo modo, verificou como essa peculiaridade – racionalização da vida e a burocracia – tenderia a se consolidar nas relações sociais, algo bem distinto da orientação religiosa que predominou por tantos séculos. Certamente, o espírito de Weber em nada simpatizava com o que veio a se consolidar como elite política alemã anos depois, o nazismo. Sua atitude negativa diante do antissemitismo era conhecida, uma vez que defendeu o colega Georg Simmel que não conseguia ingressar na universidade alemã por causa da origem judaica.

O temperamento, considerado por muitos como ranzinza, convivia com o senso apurado de honra que criticava o militarismo e as práticas diletantes dos professores universitários. Sua admiração pelo gênio germânico era bastante acentuada, ao mesmo tempo em que criticava com afinco e aridez a monarquia prussiana.

A obra intelectual produzida por Weber se situa como pilar do pensamento sociológico universal. Ao lado de Durkheim e Marx, forma o tripé fundador da nova disciplina orientada ao estudo das relações sociais. Seus textos são considerados de difícil entendimento, tanto pelo estilo peculiar de sua escrita, de enorme erudição, quanto pela multiplicidade de fontes e conteúdos que influenciaram sua base acadêmica. Em outras palavras, seu texto é elaborado a partir de conhecimentos sobre história, filosofia, ciência política, economia, religião e direito. Num certo sentido, sua sociologia deriva da capacidade sistemática de construir uma explicação da dinâmica social a partir de um ponto de partida que é sua sociologia compreensiva e da ação social. O que será mais detidamente abordado em seguida.

Segunda lição

Fundamentos sociológicos

As influências intelectuais sobre Weber são as mais variadas, desde profundos estudos sobre a história universal, passando pelo direito e economia até a consolidação, na fase madura de sua vida, de uma sofisticada sociologia. De certo modo, esta última ciência foi sedimentada no seu pensamento mediante longo percurso erudito, sendo possível afirmar que a originalidade a ele atribuída decorre da capacidade que teve de compreender sistematicamente a sociedade ocidental moderna mediante tal incursão sociológica.

Diferente de autores que tinham as mesmas preocupações na época – segunda metade do século XIX e início do século XX, como Karl Marx e Émile Durkheim – os quais pretendiam entender como a vida social era possível, partindo de explicações mais próximas de teorias da evolução e da função social, que privilegiavam os processos coletivos, tais como a economia e a moral, Weber, originalmente, constrói sua argumentação científica a partir do indivíduo. Seu pensamento social não entende a sociedade como um organismo vivo ou movido por leis gerais, mas como redes que cada um constrói segundo interesses subjetivos.

Entendamos melhor. Cada um possui valores, emoções, crenças etc., e quando estamos em situações em que outros se fazem presentes, como na sala de aula, no campo de futebol, no bar, na igreja, enfim, agimos segundo as motivações que nos pareçam melhor. Em outros termos, você se anuncia subjetivamente a partir dos interesses que lhes são mais favoráveis para aquela circunstância. Portanto, o principal conceito sociológico de Weber é a *ação social*, quer dizer: "um comportamento humano sempre que e na medida em que o agente ou os agentes o relacionem com um sentido subjetivo" (WEBER, 1998: 3).

Nesse caso, não se trata de um sentido correto ou verdadeiro, mas aquele em que o indivíduo avalia melhor para o momento. Para Weber há, neste ponto, uma diferença crucial entre direito e sociologia, pois enquanto o primeiro busca o sentido correto, a segunda, não necessariamente, uma vez que as pessoas não agem, em termos sociais, incondicionalmente pela orientação moral ou justa, mas por tantas outras motivações (místicas, irracionais, objetivas etc.).

A sociologia, em particular, seria a ciência especializada em interpretar a ação social, explicar suas causas e, mais, a partir da evidência própria da ação, compreender a conexão de sentido objetivada pelo agente. Assim, não cabe ao sociólogo julgar a realidade observada e pousar, pela análise, o justo. A isso cabe o direito. Seu papel, inversamente, consiste em entender o que é, não o que deveria ser.

Torna-se oportuno, a contento, também destacar o caráter social da ação, tendo em vista que Weber se preocupou em diferenciar a sociologia da psicologia. A ação só deve ser considerada como social à medida que se orienta pelo comportamento de outro ou outros. Sendo assim, a contemplação religiosa ou a reza solitária, tanto quanto o tropeço aleatório e acidental no ato da caminhada não pode ter tal denominação. Porém, uma ação econômica ou qualquer outra que vise a terceiros deve ser classificada como social.

Na sequência do pensamento weberiano, a Teoria da Ação Social se torna mais sistemática e sociológica no momento em que ele elabora tipos para as mesmas. No momento oportuno, dedicado à compreensão da ciência, será explicada a janela metodológica a partir da qual Weber investigou a realidade social, nesse caso particular, à construção de tipos ideais. No entanto, à obediência de atenções didáticas, faz-se suficiente para esta ocasião que tratemos do entendimento da ação. Portanto, iremos nos deter ao exercício de esclarecimento da classificação que nosso autor definiu para as mesmas.

Há quatro tipos. A primeira, diz respeito à ação racional com relação a fins. Quando alguém faz uma compra, matricula-se na universidade, procura emprego, apura os meios disponíveis para galgar sucesso no trabalho etc., subjetivamente define o interesse claro para alcançar algo, de forma premeditada e com articulação estratégica.

Outro tipo de ação se refere à conduta racional referente a valores. Nesse caso, o sujeito é regido pelo senso ético a partir do qual racionalmente julga o certo e o errado, assim como, através da orientação religiosa, posicionando-se moralmente em relação a certos comportamentos como o crime, o casamento e a criação dos filhos. O terceiro tipo de ação social é a irracional, aquela moldada pela emoção. O impulso agressivo diante da paixão e do perigo remete o sujeito a agir em relação ao outro dessa maneira, num de repente impulsivo próprio do gênio humano inflamado passionalmente.

Finalmente, a ação tradicional, aquela definida pelo costume arraigado. Para este tipo de ação se enquadram as atitudes motivadas pelo que se consolidou historicamente, sem o controle ou registro formal da lei. Um exemplo pode ser dado pelo respeito ao nome da família e o reconhecimento de uma autoridade local, como ocorre com a aristocracia e lideranças políticas consolidadas há várias gerações.

Segundo tal classificação, Weber edifica os pilares a partir dos quais sua teoria sociológica se ergue. Do conceito de ação elabora outro, o de relação social. Este é definido como comportamento reciprocamente referido, quer dizer, há relacionamento quando as ações dos agentes são compartilhadas. O ato de vender algo consiste na ação, mas a troca econômica propriamente dita é a relação. Do mesmo modo pode ocorrer com a luta, o amor sexual e tantos outros exemplos. Não se trata de solidariedade, quer dizer, da cooperação entre indivíduos como se ambos deixassem de lado seus interesses individuais em nome de algo coletivo. A relação social, na compreensão de Weber, está condicionada pelos interesses visados dos agentes, ou, para ser mais preciso, na probabilidade de alcançar o sentido visado. No limite, o indivíduo subjetivamente motivado, de um lado, compartilha com outro – também interessado – uma mesma motivação. Só nestes termos há relação.

Um tipo de relação destacado por Weber é a luta. São as ações orientadas com o propósito comum de impor a própria vontade independente da resistência do outro. Podem existir lutas pacíficas, como a concorrência livre e regulada – quando da presença de uma ordem – e a seleção. A seleção social, por exemplo, refere-se às qualidades pessoais que o indivíduo possui numa dada relação (amante, marido, empresário, modelo etc.) a favorecê-lo. A luta efetivamente acontece numa situação de concorrência em cuja realização se efetiva quando uma ação se sobrepõe a outra. Em escala maior, onde várias pessoas estão em foco, a luta no decorrer do tempo leva à seleção daqueles que possuem as melhores qualidades pessoais para o triunfo.

Na linha de raciocínio conceitual de Weber, o *poder* aparece como elemento central. Por suas palavras: "Poder significa toda probabilidade de impor a própria vontade numa relação social, mesmo contra resistências, seja qual for o fundamento dessa probabilidade" (WEBER, 1998: 33). Pode-se entender que o poder, mais que um troféu ou entidade metafísica recaída sobre o indivíduo como revelação ou graça divina, deve ser entendido como relação, quer dizer, algo social, como um processo manifesto entre indivíduos interessados.

Ao contrário do que se possa pensar comumente, quando se houve dizer: "Fulano tem poder" ou o "Poder está em suas mãos", na perspectiva weberiana o mais adequado seria afirmar: a probabilidade de impor a vontade sobre outros; as condições concretas para se estabelecer sobre outro mesmo com resistências. Esse pensamento, segundo o próprio Weber, é demasiado impreciso, uma vez que a capacidade de se impor a outro ocorre de inimagináveis maneiras. Assim, investe em outro conceito para melhor esclarecer a relação de poder, qual seja, o de dominação.

Sempre que ocorrer a obediência a uma ordem a dominação se manifesta. A precisão do conceito se evidencia com mais clareza, tendo em vista que o de poder parece escorregar pelos dedos em decorrência de seu significado ser usado em diversas situações. Seguindo sua orientação conceitual, a existência da dominação deriva de três tipos. Mais uma vez, Weber recorre à metodologia dos tipos ideais para explicar a dominação. O termo ideal não se refere à ideia de perfeito ou correto, mas àquilo que não existe na realidade, elaborado conceitualmente a partir de sua recorrência histórica. Mais uma vez, cumpre ser dito que isso será devidamente explicado na lição correspondente à análise do método em Weber. No tocante à dominação, seu entendimento é que pode ocorrer de modo legal, tradicional e carismático.

A dominação legal – de lei – predomina no ordenamento definido a partir do Estado. Historicamente, esse deve ser entendido como o monopólio do uso da força em um território dado. Ao Estado cabe o papel de ordenador social a partir de uma estruturada rede racional burocrática que se impõe aos indivíduos de modo a fazê-los cumprir regras estabelecidas legitimamente – por força de lei. A dominação legal consiste, assim, na imposição de regras às pessoas sob seu domínio.

Na sequência, entende-se por dominação tradicional aquela que se processa pelo costume. Os líderes religiosos e pessoas que descendem de elites políticas tendem a usar o prestígio acumulado historicamente para se estabelecerem como dominantes. O "sangue azul" representa, em várias sociedades, a voz do passado e transmite, pela herança e estirpe diferenciada, um nível destacado de superioridade social. Assim, o líder tradicional traz consigo a expectativa da estabilidade, o reverso do aventureiro desconhecido, pronto para agir e comandar de acordo com o costume e o já testado por gerações. Em outras palavras, significa confiança e regularidade.

O líder carismático, finalmente, possui características bem diversas dos outros tipos apresentados. Sua maior virtude está na capacidade de arregimentar multidões com persuasão e convencimento. Carisma diz respeito ao tipo de dominação marcado pela paixão com que ambos, o líder e os dominados, se envolvem irracionalmente, numa febre que arremata a todos pelo discurso inflamado e desempenho cênico e ébrio. A pulsação com que contamina tende a dilatar o estado de normalidade ou desengano, uma vez que os carismáticos alimentam a esperança e a autoestima.

A título de exemplo, várias personalidades podem ser citadas. Getúlio Vargas, Juscelino Kubitschek e Lula podem ser tomados com líderes carismáticos, legais e, com exceção do último, tradicionais. A rainha da Inglaterra é uma liderança tipicamente tradicional, uma vez que o presidente dos Estados Unidos, Barak Obama, enquadra-se como legal e carismático. Como pode ser percebido, não há um exemplo que seja exclusivamente um ou outro tipo. Porém, pela análise, torna-se possível identificar o que é mais típico ou qual perfil se aproxima mais das possibilidades apresentadas.

A partir do que foi exposto até o momento, torna-se possível entender a percepção de Weber sobre o homem, um ser que age segundo interesses e orientado por relações de poder para se posicionar como dominante. Não é uma visão inocente ou romântica, mas um sentimento frio e cortante de lâmina afiada a desvendar a complexidade social humana na sua dimensão mais real.

Os fundamentos sociológicos aqui apresentados (ação e relação social, luta, poder, Estado e dominação) serão de grande valia ao entendimento das próximas lições.

Terceira lição

Metodologia

O comportamento humano, semelhante a outros fenômenos, possui na sua dinâmica conexões e regularidades. Caso fosse algo totalmente aleatório e desprovido de ordenamento, a elaboração de um trabalho científico sobre o mesmo lograria esforço quase impossível. Construir explicações sobre processos, em cuja generalização viabilizem-se entendimentos seguros a respeito de problemas concretos, é um dos pilares da ciência, seja ela social ou física.

Diferentemente de outras formas de saber como a religião e a filosofia, a ciência se delimita por vários preceitos e procedimentos – a ela particulares –, tais como evidência, demonstração, observação etc., para que sua argumentação seja considerada minimamente válida pelos pares que lhe fomentam sustentação social. Tal um caminho conquistado a cada passo, o fazer ciência exige rigor metodológico. Em outras palavras, a metodologia científica pode ser entendida como uma rede lançada sobre fenômenos na tentativa de apreendê-los pela cognição. Sendo assim, a metodologia, seguida de teoria, espreita a realidade que, esquiva, custa à compreensão. Todo pensamento de presunção científica está circunscrito de disciplinado rigor metodológico.

Max Weber não fugiu à regra e elaborou original metodologia para as ciências sociais. No contexto do século XIX, uma grande teoria orientava o pensamento social do Ocidente. Se hoje a relatividade de Albert Einstein possui unanimidade na física, para a sociologia daquela época o Positivismo era o destaque científico que norteou tantos pensadores a exemplo de Émile Durkheim.

Para este, a sociedade funciona como um organismo vivo e possui regras próprias independentes das vontades de seus membros, uma vez que o todo se impõe às partes segundo determinantes comportamentais que devem ser seguidos, caso contrário, sua força coercitiva recai sobre tais atitudes divergentes. Buscar as leis que regem a ordem social, quer dizer, o que independe dos indivíduos, seria o foco teórico e metodológico da sociologia.

A sociedade, nessa perspectiva, seria moldada por uma ordem anterior e acima das individualidades. Embora cada pessoa possua valores e desejos, há regras religiosas, econômicas e jurídicas de cujas delimitações o homem não tem como fugir impunemente. O indivíduo sempre é mais fraco que o contexto, do que a ordem social.

Max Weber rompe com tal entendimento. Para ele, como já foi apresentado, o indivíduo subjetivamente interessado e as articulações que elabora pelo compartilhamento de motivações, na intersubjetividade da relação social, é o que deve ser considerado o ponto de partida da realidade social. Sua orientação metodológica caminha na direção de compreender interpretativamente o sentido da ação: o que levou o sujeito a agir desta ou daquela forma.

Nesse percurso, Weber caminha por trechos espinhosos para esclarecer as noções de neutralidade, objetividade, tipos ideais e compreensão. Esta considerada como o processo de humanização do real pela apreensão de sua conexão de sentido, quer dizer, aquilo que é imaginado pelo sujeito da ação. O sociólogo busca, enfim, o sentido visado da ação a partir do investimento racionalista de demonstrar interpretativamente uma evidência, ou seja, a causa, sua motivação (WEBER, 1995). Seu método, portanto, pretende capturar o sentido da ação do sujeito, não a lei que o rege, como faziam os positivistas. Weber muda a mira, pois não parte da regra para o sujeito, mas o que este definiu como escolha para agir desta ou daquela maneira.

Outra postura científica defendida por ele se refere à neutralidade. Se, por um lado, um positivista como Durkheim a entendia a partir do olhar das ciências exatas, quer dizer, o pesquisador não pode deixar que seus valores interferissem na pesquisa; por outro lado, seguindo o viés de Marx, não haveria separação entre ciência e política, assim, os valores do cientista estão diretamente evolvidos no trabalho engajado. Weber, mais uma vez original, elege o que ele denominou de neutralidade axiológica para resolver, ao seu modo, a questão da relação entre sujeito pesquisador e objeto pesquisado.

A expressão neutralidade se aproxima de integridade intelectual. Não cabe ao professor universitário usar sua autoridade para fazer avaliações éticas e culturais na sala de aula sobre o mundo. Neste ponto, há profunda diferença entre a política e a ciência. Para a segunda, o intelectual deve agir com toda diligência, responsabilidade e disciplina, de modo que, independente dos seus valores, uma vez seguido o método de investigação, os resultados independam da visão do pesquisador. Esclarecendo ainda mais, Weber utiliza a expressão neutralidade axiológica – termo em grego que significa valores – para afirmar que o cientista não pode reivindicar para si a sala de aula como tribuna ou espaço de propaganda de suas ideias. Não deve, assim, imprimir um toque pessoal ao trabalho, apenas dedicação incondicional à tarefa que lhe cabe.

O trabalho do cientista, ao contrário do jornalista e do político, deve ser focado e rigoroso no tocante à obediência reclusa de suas análises e observações. Só no ato de publicação dos resultados é que surge o momento da fala, da exposição circunscrita ao âmbito das conclusões. A visão que Weber elabora da ciência estaria bem ilustrada pela separação entre esta e a política, entre o investigador compenetrado e o diletante. Enquanto o político tenta convencer, persuadir, o cientista tem a função de transformar em problema o que é evidente por convenção. Sua postura investigativa tende a demonstrar o quanto o dado ou aceito está repleto de obscuridade e incongruências.

Nessa tarefa de iluminar, de esclarecer o sentido visado subjetivamente da ação, Weber elege os tipos puros como principal instrumento metodológico. E dos tipos de ação social por Weber destacados, aquela sobre a qual investiu mais atenção foi a racional com relação a fins. A partir da análise histórica e das evidências factíveis à observação, pode-se presumir o motivo pelo qual o ator foi guiado. Significa afirmar que, segundo a elaboração de análises racionais sobre o que é presumível ou logicamente esperado, há uma probabilidade de acerto quanto à decisão que será tomada. Dessa forma, a metodologia weberiana parte da construção de tipos ideais que servem de base, de referência para, na comparação, interpretar a realidade.

Em outras palavras, as ações nunca são totalmente guiadas pela razão porque sempre ocorrem variações irracionais, motivadas pela paixão, que descaracterizam o modelo idealizado racionalmente. Assim, o tipo ideal só existe como modelo de análise, nunca no real vivido, porque humano e fugidio a qualquer "previsão premeditada". Construir tipos puros e compará-los com o dado concreto permite ao pesquisador encontrar as conexões de sentido irracionais, aquele elemento particular que fez com que o sujeito escolhesse uma e não outra decisão. Torna-se possível depurar o comportamento condicionado afetivamente e, diga-se de passagem, o desvio do modelo elaborado heuristicamente, quer dizer, construído pela lógica racional.

Um exemplo dado por Weber (1999) se refere à explicação de um "pânico financeiro" e ações políticas e militares. Segundo ele, o recomendado seria a averiguação de como a ação teria ocorrido sem a interferência de decisões afetivas ou impulsivas irracionalmente. A análise das possibilidades e circunstâncias estritamente racionais indica o momento em que o agente decidiu, quer dizer, o que o motivou para um determinado caminho. Portanto, essa refinada percepção metodológica encontra o momento em que a subjetividade se destaca para além da previsibilidade racional. Um professor de Direito ou Sociologia, ao trabalhar o mesmo assunto age de forma diferente em relação a outro da mesma formação quando trabalha o conteúdo programático que é igual para ambos. Diante das mesmas leis e expectativas não se pode esperar atitudes semelhantes, uma vez que cada indivíduo possui motivações próprias para decidir, ao seu modo, diante das mesmas. As leis de trânsito estão postas para todos, mas nem sempre sua obediência acontece, por quê? O indivíduo subjetivamente motivado é a questão, para Weber, não o todo que se impõe sobre ele.

As ações tipicamente *afetivas*, *tradicionais* e *racionais segundo valores* são de mais difícil análise em relação à *racional com relação a fins*, por questões óbvias. Mas ocorre que na sociedade moderna o tipo de ação mais recorrente é a última, tendo em vista que os processos modernos requerem, cada vez mais, controles burocráticos e regras de convivência definidos por leis e instrumentos tecnológicos e de poder que requerem do indivíduo respostas objetivas, como, por exemplo, no mercado, no trabalho, na escola, nas coisas mais simples como ligar um aparelho doméstico.

Em relação ao tipo ideal, as três formas puras de dominação são um exemplo bastante conhecido. Quais sejam: legal, tradicional e carismática. A primeira diz respeito à dominação quando do uso da lei pela ordem legítima, no caso, o Estado, ou outra ordem jurídica e administrativa que dita, por meios burocráticos, o exercício do poder. A segunda forma de dominação consiste naquela baseada na tradição, definida por princípios arraigados e reproduzidos a gerações, tais como valores familiares e outros baseados nos costumes do grupo que são responsáveis em repassar aos mais novos o *status* de superioridade e prestígio. O último tipo puro de dominação é a carismática. Enquanto os dois anteriores se consolidam por elementos externos (lei e tradição), a dominação carismática se estabelece por características particulares do indivíduo, especialmente a capacidade, própria a alguns, de atrair a atenção de todos para si e de poder convencer persuasivamente multidões a segui-lo. A dominação carismática pode ser vista com mais evidência nas manifestações políticas e religiosas, quando indivíduos se destacam dos demais pela força do discurso e da desenvoltura cênica que embriaga as massas.

Por mais típico que seja, jamais um líder aglutinará em torno de si a exclusividade da forma pura. O que ocorre na prática é a identificação do líder como mais tipicamente carismático (Jesus Cristo, Mahatma Gandhi, Antônio Conselheiro, Adolf Hitler etc.), legal (Getúlio Vargas, Antônio Carlos Magalhães, Dilma Rousseff etc.) ou tradicional (papas, rainha da Inglaterra, coronéis do Nordeste etc.). Claramente, percebe-se que personalidades como Getúlio e Lula são ao mesmo tempo líderes carismáticos e legais, do mesmo modo que sobre a rainha da Inglaterra há bastante reconhecimento de carisma. Em todos os exemplos, a comparação entre o particular e o tipo puro torna possível pôr em destaque perturbações, as variâncias entre um e outro (ideal e real) decorrentes das subjetividades – escolhas individuais – e, com isso, afirmar qual motivação foi mais imperativa para a liderança em destaque ter realizado certa escolha.

A partir dos fundamentos conceituais trabalhados na primeira lição e o esclarecimento da metodologia usada por Weber será possível, a partir deste momento, caminhar à reflexão dos temas mais relevantes de sua obra.

Na próxima lição, o tema em destaque é a política. Embora nunca tenha exercido cargo eletivo ou construído carreira política no sentido partidário, Weber foi atuante na política alemã, participando, inclusive, da comissão de seu país, encarregada de discutir o Tratado de Versalhes. Sua grande preocupação era se colocar como intelectual acadêmico, de envergadura internacional em assuntos os mais distintos, o que lhe situava destacadamente mediante seus conhecimentos. Sua trajetória é bem diferente da que ocorre no Brasil, por exemplo, onde intelectuais enveredam na política e se tornam até presidentes. Independente das escolhas, o que não necessariamente significa dizer que Weber estava certo, importa afirmar que seu pensamento sistemático entendia a política como prática distinta da acadêmica, e sobre tal assunto a próxima lição fará seu destino.

Quarta lição

Política

O texto mais conhecido que Weber trata da política resulta de uma conferência realizada na Universidade de Munique em 1919, de cujo título: "A política como vocação" tornou-se um marco do pensamento social do século XX sobre o assunto. Esta lição, portanto, será o reflexo interpretativo de tal material e pretende esclarecer o entendimento do nosso pensador sobre a temática.

Inicialmente, política pode ser entendida como sinônimo de liderança independente se seguida de ação. Nesses termos, percebe-se seu uso em diferentes situações, a exemplo de política educacional, política sindical, política de bolsas, política de preços etc. Para Weber, tamanha amplitude conceitual requeria delimitação e, dessa forma, passou a compreender política no âmbito do Estado, quer dizer, a liderança de um Estado ou de associação política.

O desafio investigativo tem no Estado o ponto de partida à definição sociológica. Para tanto afirma, baseado em Trotsky, que o fundamento particular a qualquer associação política é a força. Segundo Weber, então, "Estado é uma comunidade humana que pretende, com êxito, *o monopólio do uso legítimo da força física* dentro de um determinado território" (WEBER, 1982).

A partir da afirmação, algumas considerações são decorrentes. A primeira diz respeito ao entendimento do Estado como a única fonte de direito naquilo que concerne ao uso da força física. Outros agentes e instituições só podem fazer tal uso com o consentimento dele. Em segundo, não se pode afirmar a existência do Estado sem um território. Finalmente, a política consiste na disputa e participação do poder no âmbito do Estado. Em outras palavras, a política significa conflito, distribuição e articulação do poder, demarcado no espaço da associação política, o Estado. Assim, aquele que participa da política luta pelo poder.

Para que sobreviva, deve o Estado dispor de autoridade, segundo a qual os dominadores recebem dos dominados a obediência requerida. E os homens – como já foi ilustrado na lição anterior, quando explicada a noção de tipos ideais – obedecem a três legitimações interiores de comando. A primeira é, segundo Weber, o "ontem eterno", a tradição, o reconhecimento da autoridade do antigo e habitual. Outra autoridade é o carisma, revelado pelo heroísmo e outras capacidades extraordinárias do indivíduo que atrai para si os olhares e admirações. Finalmente, a autoridade baseada em regras racionalmente construídas. Por exemplo, o ordenamento jurídico que requer obediência, assim como todas as obrigações estatutárias. Em todos os casos/tipos, a obediência se manifesta pelo medo e/ou esperança de algo recair sobre si, seja a lei, o poder mágico ou a moral.

No caso particular ao entendimento desta lição, o tipo que mais interessa é o carismático, tendo em vista que os discípulos e obedientes dos feitos pessoais de outro representa, para Weber, a raiz da política. Em resumo, o carisma é a base da vocação política e a obediência decorrente de elementos extraordinários de indivíduos, sem que haja a presença necessária da tradição ou da ordem legal para que a dominação tenha êxito.

Dessa maneira, a liderança que emana do indivíduo, seja na condição de demagogo, profeta e líder nas situações de grande perigo, torna-o destacado e lhe oferece o recebimento gratuito da obediência e dedicação dos outros aos seus ditames. O político por vocação ganha destaque em relação aos outros tipos no palco da disputa pelo poder, como se a política fosse o cenário certo para os dotes pessoais aflorarem e estabelecerem controle sobre os outros, como encanto e devoção.

Mas, o poder exige outras providências, pois precisa de meios para continuar no domínio, inclusive o carismático. O poder requer controle organizado através da administração e do aparato material de dominação sobre os agentes especializados ao uso da força física quando for o caso. Em todos os casos, a dominação não se estabelece somente pela força ou carisma, mas pela promessa e realização de recompensa material e honraria social dentro de uma estrutura administrativa na qual os interessados pretendam entrar (WEBER, 1982). Cargos, dinheiro, prestígio, honrarias e muito mais endossam o domínio de um sobre outros, quando tais regozijos e o domínio são mantidos.

No caso pontual do Estado moderno, constata-se de maneira eficiente a concentração do poder. O que antes estava diluído por lideranças, muitas delas representantes da tradição, foi paulatinamente reduzido ao poder estatal. Para Weber, então, o Estado imprime regras obrigatórias a todos e organiza compulsoriamente sua dominação. Weber fala de expropriação política que caracteriza o Estado e de como ele se espalhou por todo o mundo e surgiram os "políticos profissionais".

Tanto quanto a atividade econômica, a política também pode ser uma vocação. De certo modo, todos são políticos ocasionais, mas aquele que age por vocação se dedica e participa das estruturas de poder e de sua distribuição. Resumindo, o homem vocacionado a viver "para" ou "da" política.

Em termos de atitudes, cabe àqueles que lideram o partido a tarefa da sobriedade, da orientação e controle da unidade e força de seus integrantes para, cada vez mais, conseguirem mais espaço na estrutura política. Por outro lado, aos mais dedicados à plateia, ao trabalho nas assembleias e palanques, cabe o exercício da retórica, quer dizer, o lugar para os diletantes e demagogos. Ocorre que, na política, torna-se necessário o elemento burocrático racional para organizar a lógica interna, que funciona como bastidores onde as decisões ocorrem. A política parece, então, uma moeda cunhada por tais faces distintas e também complementares, quais sejam do sóbrio e articulado que não aparece muito e o demagogo que atua para as massas.

No contexto do Estado moderno, a exemplo do caso americano onde a democracia se consolidou, constata-se uma grande diferença em relação aos outros modelos dominados por castas ou aristocracias. Nestas últimas, o prestígio permite aos ocupantes dos cargos a segurança necessária para que façam o Estado funcionar ao seu modo, assim como garantir-se na condição de elite. Já no âmbito democrático, o fato do poder pertencer ao povo garante que ninguém se apodere dos cargos em definitivo. Sendo assim, no término do mandato todos passam por processos de avaliação pelo voto. Daí o pensamento: é melhor políticos que podemos cuspir na cara do que uma casta intocável que irá cuspir na nossa. Esse é o espírito democrático que Weber destaca no caso americano.

Em linhas gerais, o campo político requer três dimensões para aqueles que nele atuam: senso de responsabilidade, senso de proporções e paixão. Especialmente sobre o último elemento da equação, entenda-o por dedicação apaixonada, não como impulsos ou empolgações desmedidas. A política requer o hábito disciplinado do monge com a espada do guerreiro, uma vez que a excitação destemperada leva a decisões trágicas. Os levantes revolucionários, por exemplo, no entendimento weberiano, carecem de responsabilidade objetiva, pois a empolgação culmina da desorganização política. Portanto, a paixão não faz o político, pelo menos ela sozinha.

A outra característica decisiva ao político é o senso de proporção. Refere-se a calma e paciência íntimas, nas palavras de Weber, necessárias para a tomada de decisões. Não deve o político estar muito próximo das coisas e dos homens. Estes devem atuar sobre o líder de modo que, a distância, possa avaliar melhor que decisão tomar. "Falta de distância, em si, é um dos pecados mortais do político" (WEBER, 1982: 139). No entendimento de

Weber, a política se faz com a cabeça, não com outras partes do corpo; assim, deve unir ao mesmo tempo a frieza para decidir, com a paixão que impulsiona da causa.

Para atuar apaixonadamente e com a frieza dos neurocirurgiões precisa o político do senso de responsabilidade, de compromisso e doação em relação à causa. Do mesmo modo que a paixão, responsabilidade aqui se refere à atitude do político não perder o foco que movimenta toda sua trajetória. Assim, responsabilidade, proporção e paixão são decisivas para o político que luta a todo o momento com um demônio, segundo Weber, que é a vaidade.

Quando o desejo pelo poder perde o foco da causa e passa a ser uma espécie de autossatisfação, decorre de o político perder tanto a objetividade quanto a responsabilidade. O desejo de se destacar diante dos outros ganha força, acarretando que o indivíduo passa a se motivar exclusivamente pelo desejo da paixão irresponsável da autopromoção.

Na perspectiva de Weber, o político deve conciliar várias habilidades para bem desempenhar a tarefa de liderança e firmar o domínio. O mais importante a ser destacado nesta lição refere-se à dimensão social em que a luta pelo poder ocorre. Mais do que características pessoais, relativas aos meios financeiros ou herdados, o campo político sugere dinâmica, capacidade de análise estratégica, decisão em momentos cruciais e, o mais importante no contexto do Estado moderno, conhecimentos administrativos para transitar por regimentos, estatutos e o todo burocrático. Nessa direção, o poder não pertence a alguém, semelhante troféu que se ergue na estante, mas exercício, sendo a política o cenário onde esse poder se substancializa em cargos, prestígio e mandatos.

Quinta lição

Ciência

Em 1918, Weber proferiu uma palestra na Universidade de Munique que teve como tema: "A ciência como vocação". Naquela oportunidade, discorreu sobre aspectos cruciais ao entendimento da prática científica, não apenas no quesito das exigências impostas socialmente para a mesma, mas principalmente a respeito do significado das condições da ciência como vocação.

Na época de Weber, carreira científica e acadêmica significavam a mesma coisa, uma vez que o âmbito da ciência estava circunscrito à universidade. Hoje, o mesmo não ocorre necessariamente, tendo em vista que muitos centros de pesquisa ou grandes corporações investem em ciência avançada sem a participação direta de acadêmicos. Em outras palavras, no capitalismo contemporâneo, a produção científica, especialmente na área de tecnologia, não se restringe aos limites da universidade.

No esforço particular de esclarecer o trabalho do cientista acadêmico, Weber adotou o caminho da análise comparativa entre Alemanha e Estados Unidos no tocante à construção da carreira científica nos dois países. Afirma que, na Alemanha, um jovem, após adquirir formação especializada, passa a lecionar como residente tomando por base um livro que publicou. Em seguida, sem receber salário, oferece cursos mantidos com as taxas que os alunos pagam. Na Alemanha de Weber, caso o jovem não tenha condições de se manter sozinho por algum tempo, certamente a universidade não lhe dava tais condições. Nesse caso, a estrutura descrita por ele é plutocrática, quer dizer, controlada pelos mais ricos e elitizados, que conseguem investir por anos em sua formação profissional até serem contratados pela academia.

Nos Estados Unidos, por outro lado, a vida profissional acadêmica se inicia de maneira diferente. A carreira começa com a contratação de professor-assistente e o pagamento de salário. Neste caso, o modelo se baseia na burocracia, pois, mesmo com salário modesto, o jovem pode desfrutar de certa garantia financeira e institucional para iniciar sua carreira. Diferente da Alemanha, na América o jovem precisa trabalhar bem mais, quer dizer, exige-se maior produção ao docente neófito em termos de horas de sala de aula.

Em geral, tanto para quem inicia quanto para a instituição, há muita expectativa que nem sempre é correspondida, seja porque o pesquisador não ofereceu o esperado, seja porque a academia não deu a oportunidade adequada para um talento. Nesses termos, mais do que capacidade intelectual ou a disponibilidade de vagas, há um elemento imponderável, quer dizer, o acaso ou condições externas ao professor que influenciam bastante. Certas pessoas talentosas ficam de fora da universidade por mero acaso, enquanto outras, menos produtivas e pouco habilitadas, conseguem se inserir com mais facilidade. O próprio Weber cita o seu caso para exemplificar, quando diz que por "acidente" foi nomeado jovem professor catedrático. No entanto, ainda sobre esse elemento ocasional, ocorre que muitos medíocres assumem cargos de destaque, não por acidente ou sorte, mas pela cooperação política que seleciona uns e tolhe outros. De todo modo, há que se destacar, na formação de uma carreira profissional, o fato de que há condições externas importantes que fogem de certa racionalidade.

Além das condições externas, relativas à cultura acadêmica do país ou ao acaso, Weber analisa a conduta acadêmica propriamente dita. Afirma que todo aquele que pretender ingressar na carreira precisa estar atento para um duplo aspecto. O primeiro refere-se à qualidade de erudito, o segundo, a de professor. São aspectos distintos e nem sempre conciliáveis, uma vez que há bons professores que não são cientistas reconhecidos, como também há excelentes pesquisadores que não têm desempenho favorável como professores. O fato é que só ocasionalmente ambas as qualidades estão presentes em uma pessoa.

No tocante às condições internas para a ciência, quer dizer, à vocação para tanto, está cada vez mais definida em torno de um contexto de especialização que, segundo Weber, tudo indica que não vai se modificar. Em outras palavras, a especialização rigorosa sinaliza a especificidade científica. E tal realização especializada requer dedicação apaixonada. Weber não fala de paixão no sentido de entusiasmo, embora o considere importante; fala sim, de trabalho árduo, de empenho concentrado. Refere-se àquela embriaguez que instiga o cientista à busca do conhecimento perito, especializado. Em suas palavras: "Entusiasmo e trabalho, e acima de tudo ambos em conjunto, é que criam a ideia" (WEBER, 1982: 162).

As ideias, no entendimento do nosso autor, possuem uma espécie de vida própria. Mas o combustível, a energia das mesmas, vem da dedicação ao trabalho, da disciplina rigorosa para ir além do dado, do aparente, da superficialidade. A vocação, portanto, diz respeito à doação íntima para a ciência e somente isso garante a autoridade do pesquisador sobre o assunto. O mais desafiador e talvez trágico seja o fato de que toda a sua produção, diferente da arte, perca o valor em pouco tempo, em função do progresso científico.

Em outras palavras, o trabalho do cientista está fadado à superação. Tal progresso resulta de um elemento cultural, próprio do Ocidente, chamado por Weber de *racionalização intelectualista*. Essa racionalização não quer dizer que os ocidentais são mais cultos ou mais inteligentes em relação aos outros povos, mas sim que a base de tal conhecimento, desde os gregos, fundamenta-se no cálculo matemático, não em ideias misteriosas sobre o mundo. Isto significa uma cultura de *desencantamento do mundo*. Não são deuses ou forças mágicas a fonte do conhecimento ou sua razão, nem os homens procuram recorrer aos espíritos para eles explicarem as dúvidas sobre o mundo. Quem agora faz o serviço é o cálculo. A esse processo histórico e cultural Weber chamou de intelectualização.

A expressão *processo* significa dizer que houve, durante milênios da cultura ocidental, uma série de encaminhamentos lógicos e sistemáticos para a produção do conhecimento, os quais viabilizaram algo novo em relação a outras culturas. Weber destaca que na Grécia antiga, por exemplo, a capacidade de abstração para elaborar o *conceito* foi fundamental, além de ponto de partida para a intelectualização. Tal instrumento de raciocínio difere de outros, mais restritos ao entendimento de coisas pontuais que mudam a todo instante.

O conceito busca a verdade eterna. Em outras palavras, conceitos de amor, política, educação, morte, vida etc. não respondem, apenas, a situações vividas por uma ou outra pessoa, mas àquilo que é independente dos personagens. Com isso, os gregos elaboraram um pensamento de bases racionais, quer dizer, sem a direta relação com os deuses ao entendimento da cosmologia (universo físico) e da cosmogonia (universo humano). Assim, o mundo passa a ser paulatinamente desencantado na medida em que o entendimento das relações sociais, do direito, da economia etc. não diz respeito ao mundo espiritual, mas passíveis de entendimento porque resultam da própria complexidade humana.

Outro instrumento científico importante desenvolvido no Ocidente foi a experimentação racional. Para Weber, no período da Renascença foi elaborado um criterioso processo de controle da experiência, segundo o qual toda a ciência empírica de hoje se fundamenta. Em outras civilizações, como na Índia, pode-se constatar o uso da experimentação, mas só na Renascença, seja nas artes ou na ciência, ela se tornou um princípio da pesquisa, como bem ilustrou Leonardo da Vinci e tantos outros que entendiam que a ciência seria o caminho para a verdade.

No tocante a se pensar a ciência numa perspectiva de valores e utilidade, Weber se posiciona como incrédulo sobre as afirmações de ser ela o caminho para uma vida feliz ou justa. Cabe à ciência desvendar o que existe para além das opiniões, definindo-se como algo bem distinto da política. Pode haver uma política científica ou relações de poder entre os pesquisadores, mas, para Weber, a ciência requer uma conduta própria, sedimentada na clareza, no rigor metodológico e no pensamento treinado, características bem diferentes do demagogo político.

Em se tratando do professor universitário, em específico, não caberia a ele usar a sala de aula como palanque para proferir discursos políticos inflamados. A sua integridade depende de uma escolha: de tornar-se um demagogo ou aquele capaz de fazer com que o aluno construa elementos de autoesclarecimento e responsabilidade. O professor não pode impor uma forma de pensar ou induzir o aluno a escolher caminhos predefinidos pela conveniência ou sua orientação política.

A ciência, na linha de pensamento do nosso autor, possui regras rígidas que vêm sendo aperfeiçoadas há muitos anos, e nessa trajetória a especialização de conhecimentos se apresenta como tendência no contexto de realidades inter-relacionadas. Dessa forma, para a ciência é preciso vocação, quer dizer, um chamado para o trabalho rigoroso e organizado que depende de dedicação íntima e disciplina.

A reflexão que Weber faz do seu momento – início do século XX – sinaliza para uma sociedade cada vez mais organizada segundo instrumentos racionais de controle, em que os homens tendem a se tornar prisioneiros dos mesmos num mundo desencantado. As relações sociais, neste contexto que podemos chamar de moderno, estão monitoradas por tecnologias que aprisionam o homem pela vigilância instantânea de aparelhos, regras burocráticas e obrigações diárias.

Nesse sentido, mais que um otimista em relação a uma possível sociedade do conhecimento, pode-se deduzir que, para Weber, este mundo não caminha para estados de tranquilidade e o exercício livre de potencialidades, mas, ao contrário, para o controle matemático e frio de tecnologias mais eficientes na arte da vigilância. O indivíduo se percebe integrado, seduzido e motivado a correr, a imbuir-se de atividades e correrias ansiosas por trabalho, estudo e resultados de toda ordem.

Esse é o mundo dominado pela ciência, o qual tende a se intensificar. As palavras do próprio Weber podem ajudar ao entendimento de tal horizonte resignado:

> Para quem não pode enfrentar como homem o destino da época, devemos dizer:

> possa ele voltar silenciosamente, sem a publicidade habitual dos renegados, mas simples e quietamente. Os braços das velhas igrejas estão abertos para eles, e, afinal de contas, elas não criam dificuldades à sua volta (WEBER, 1982: 183).

O fortalecimento das religiões e o surgimento de outras nos dias de hoje não seria resultado desse fenômeno de desencantamento descrito por Weber? Ao mesmo tempo em que as relações se tornam frias e calculistas, não estaria o homem buscando nas igrejas o conforto que a vida cotidiana não mais possui? Nesses termos, a sociologia de Weber demonstra sua atualidade, tanto para o esclarecimento dos procedimentos particulares do exercício acadêmico e científico, com sua dedicação apaixonada. Quanto para a consequente análise do desencantamento do mundo que induz tantos processos de controles e aprisionamentos.

Na próxima lição sobre religião será possível analisar melhor tais questões e entender o motivo pelo qual o fenômeno religioso ocupa lugar destacado no pensamento social weberiano.

Em termos particulares desta lição – ciência –, o momento é por demais oportuno para esclarecer o que Weber chama de vocação. Não são espíritos ou obras fantásticas que constroem grandes obras científicas, mas a capacidade individual, a conduta mesmo com que cada um se dedica à pesquisa, aos momentos de reclusão para pensamento e análise, para a escrita objetiva de tantas abstrações. Assim, sentir-se vocacionado a este exercício pode significar um encontro, uma certa empatia e satisfação pessoal e profissional.

Ninguém se torna um grande cientista instantaneamente, pela providência de grandes ideias gratuitamente afloradas pela inspiração, de hora para outra. Como foi possível entender, isso requer tempo e dedicação, o que inspira àqueles que se sentem vocacionados, a construir, mesmo que lentamente e ao seu tempo, uma promissora carreira acadêmico-científica.

Sexta lição

Religião

Weber não se preocupou em definir a religião na sua essência, mediante abstração filosófica ou teológica. O foco que o orientou para tal análise esteve relacionado às vivências e representações subjetivas que motivam os indivíduos a agirem segundo o sentido mágico ou religioso. Seu entendimento sugere que tais ações estão centradas neste mundo e possuem um caráter racional em virtude dos meios e fins relativos a experiências bem objetivas. Em outras palavras, fala da ação comunitária religiosa, não propriamente da religião, tendo em vista que nela há um sentimento comum compartilhado subjetivamente por um grupo, em cuja base existe o caráter intramundano a orientar as ações cotidianas das pessoas, semelhante ao que se encontra na ordem econômica (WEBER, 1999: 279).

Ocorre que a certos objetos e pessoas são atribuídos, pelas outras, dons extraordinários, tais como a capacidade de entrar e controlar o êxtase e fazer chover, por exemplo, atributos exclusivos de vidas extraordinárias. A isso Weber chama de carisma, um dom gratuito que difere o mágico da pessoa normal e as coisas cotidianas das milagrosas. Tal carisma não surge para qualquer pessoa, mesmo que ela o queira. Ao contrário, é germinal, revelado. Quando está escondido precisa de algo externo que o desenvolva, de tal modo que seu caráter social de reconhecimento permite ao detentor poderes extracotidianos.

Desse modo, os homens e mulheres especialmente qualificados possuem carismas mágicos, tal como um engenheiro no assunto que, pelo domínio de certas técnicas e conhecimentos, diferencia-se do leigo. O religioso ou o mágico são, para Weber, profissionais peritos ou pessoas "carismaticamente qualificadas", cabendo-lhes o empenho ao trânsito com o mundo espiritual (WEBER, 1999: 280).

Nessa linha de raciocínio, o homem comum pode chegar ao êxtase eventualmente, no plano individual, pelo uso de drogas e bebidas alcoólicas. A diferença entre o mago e o leigo é que o segundo não domina os estados experimentados daquele profissional, por isso, só ocasionalmente e com o auxílio aleatório de certas substâncias experimenta o contato com o mundo extracotidiano. O mago, por outro lado, tem uma influência racional sobre os espíritos e seu conhecimento está cercado de segredo. Isso faz parte de sua arte, quer dizer, um saber secreto que desenvolve seu pensamento e lhe permite, na forma de "alma", expandir-se e sair de seu corpo através de sonhos, desmaios e êxtases, numa experiência com leis próprias e avançado grau de abstração, inalcançável ao homem comum.

Através do conhecimento qualificado, os profissionais carismáticos se encarregam de viabilizar a relação entre homens e deuses, cuja regulação da mesma caracteriza o espaço da ação religiosa. Para melhor entender, significa afirmar que o agir religioso não se dá de modo aleatório, mas seguido de processualidade, de disciplina objetiva. A ação religiosa não se trata, portanto, de inspirações aleatórias ou surtos candentes de espíritos em euforia. Ao contrário, seja na magia ou na religião, o que se observa é o forte simbolismo, particular ao enredo de cada uma.

As coisas, atitudes e processos da vida ordinária passam a pertencer também ao mundo espiritual, tendo em vista que significam, como símbolos, expressões comunicativas de divindades. Não é difícil entender que os *conhecedores profissionais desse simbolismo* assumem posição destacada de poder na comunidade onde atuam (WEBER, 1999: 282). Assim, o sagrado só pode ser pensado através do círculo de símbolos cujos significados requerem a decodificação ritualizada para os mínimos detalhes da ação religiosa que se expande para toda a vida cotidiana. Em resumo, a conduta religiosa transcende o foco específico da oração e da visita aos templos ao acompanhar os fiéis nos passos que trilham na rua, em casa, no trabalho e dentro de si.

Dessa forma, existe um conjunto das representações simbólicas que constrói um *modo de pensar* conhecido como *pensamento mitológico*; tanto as expressões religiosas quanto as jurídicas são desdobramentos paulatinos da magia racionalizada simbolicamente que tem em tal pensamento a sua base. A partir de profundo conhecimento da história de várias religiões, especialmente a do mundo antigo (Roma, China, Índia, Grécia e outros), Weber demonstra a transformação do direito sacro em pensamento jurídico racional, quer dizer, a influência da religião sobre a definição de uma liturgia ou etiqueta jurídica, quer dizer, no processo histórico de influência da religião sobre o direito (WEBER, 1999: 285).

Fica claro no pensamento weberiano a necessidade de profissionais para o trato com o mundo espiritual, e, especialmente, a três dos peritos do carisma religioso Weber teceu análises mais detalhadas. O mago, o sacerdote e o profeta assumem papéis próprios na relação qualificada entre homens e deuses. A diferença entre os dois primeiros se assemelha à que há entre magia e culto, uma vez que os sacerdotes são funcionários da veneração que influenciam o divino, uma ação distinta do mago que força as divindades, por meios mágicos, quer dizer, faz uso de instrumentos que induzem ações mágicas esperadas, tais como o sacrifício e as oferendas. O profeta, por outro lado, no entendimento sociológico de Weber, diz respeito ao portador de carisma pessoal, que tem a missão de anunciar uma doutrina religiosa ou um mandamento divino (WEBER, 1999: 303). É sempre oportuno lembrar a compreensão conceitual do nosso autor segundo os tipos ideais, uma vez que essas explicações não são estanques. Entre os profissionais do carisma religioso existem inúmeras possibilidades de diferenciação e escalas intermediárias, assim o sacerdote pode ter características mágicas do mesmo modo que o profeta venha a se dedicar ao culto. Portanto, estabelecer fronteiras rígidas entre o que seria a ação de cada um não condiz com a sociologia da religião weberiana.

A religião ocupa um lugar de destaque no pensamento de Weber por influenciar sobremaneira na condução da vida das pessoas. Para entender melhor, significa dizer que os caminhos da salvação estão intimamente ligados a rituais, práticas e disciplinas cotidianas que jamais devem ser vistos como exclusivos do campo religioso, mas da conduta humana em sua amplitude.

Novamente, através de vasto conhecimento histórico, demonstra as consequências da devoção religiosa na vida diária entre hindus, budistas e também na tradição cristã, no intuito de esclarecer como a ética religiosa não pode ser entendida de modo exclusivo delimitado ao templo e rituais específicos. Ao contrário, o ser religioso interfere nos mínimos detalhes no cotidiano dos fiéis, influenciando seus modos de pensar, vestir e de se comportar diante dos outros e consigo.

Para entender melhor a argumentação de Weber sobre a ação religiosa, basta observar, nos dias atuais, a forma de vestir de certas religiões, tais como a budista ou a alguns grupos evangélicos. Do mesmo modo, atentar para a relação que cada uma tem com o uso do álcool, por exemplo, considerado pecado para muitos – muçulmanos e evangélicos – e tolerado por outros – católicos. De todo modo, torna-se fácil perceber a influência da religião sobre a vida daqueles que a praticam, podendo-se dizer que a mesma é, para além da busca do sagrado, uma ética que define tanto os caminhos da salvação quanto a conduta diária do fiel dedicado. Em síntese, a ética religiosa oferece os meios para uma conduta metodicamente orientada (WEBER, 1999: 360).

Essa conduta não se refere a puro treinamento de ser "bom" através de ações pontuais e desconexas, mas a orientação global da vida, como se cada atitude estivesse guiada por tal elemento religioso sustentado em uma *ética da convicção* que respeita o *habitus*[1] global da respectiva orientação religiosa. Quando se é religioso nada escapa às suas teias e fundamentos; quanto mais aprofundado nela, mais ramificações e controles de conduta são criados, o que para os fiéis se define como referenciais de vida e certezas atitudinais.

Por mais que tenha sido dito, não é imprudente afirmar novamente a capacidade que a ação religiosa possui sobre o indivíduo. Numa perspectiva histórica, Weber desenvolve ampla reflexão sobre as seitas protestantes e como as mesmas, nos Estados Unidos, em particular, são mais do que "simples" adoração em templos dominicais. Nesse caso, o fiel possui regras rigorosas de conduta definidas pela ética protestante, segundo a qual o trabalho, a poupança e a família assumem um *status* nacional, de modo que aquele país possui, na sua base, uma forte influência religiosa a delimitar valores morais para o mundo do trabalho, tais como o individualismo empreendedor e a ética do trabalho como máxima de realização, a tal ponto

---

1. Não se deve confundir aqui a noção de *habitus* de Weber com a de Bourdieu, uma vez que, para o segundo, a mesma diz respeito a orientações de comportamento no âmbito do *campo*, responsável, sobremaneira, pelo estabelecimento do poder (simbólico) no mesmo. Weber trata *habitus* na perspectiva que lhe foi dada na religião, quer dizer, o conjunto de atitudes e de pensamento que regem a vida do fiel.

que o mais grave para um americano é ser tachado de perdedor, fracassado e bastardo.

A ética protestante, segundo Weber, está em sintonia com os valores capitalistas, especialmente em relação à prosperidade e o uso racional do dinheiro. Ao estabelecer a relação entre capitalismo e religião, seu intuito caminha na direção de demonstrar que não há uma esfera social que seja determinante para as demais. Isso significa, em outras palavras, que a economia, por exemplo, não pode ser vista como espaço privilegiado das relações sociais, como pensava Marx.

Nosso autor (WEBER, 1987) analisa a peculiaridade cultural do Ocidente, a qual ele denomina de racionalização, em cuja base está – há milênios – o controle racional da vida. Para Weber, a razão não é exclusiva do Ocidente; o desenvolvimento da matemática, da física e da música, assim como da astronomia e da política, é bastante conhecido no mundo. Porém, a peculiaridade ocidental está no controle matemático da vida, naquilo que ele chamou de instrumentalização e desencantamento do mundo.

O capitalismo, na sua perspectiva econômica, existiu em outros contextos sociais, mas só no Ocidente se tornou munido de uma forma de controle racional baseada no cálculo matemático, no direito racional e da ética religiosa protestante.

Onde os valores protestantes mais se desenvolveram ocorreu também a ascensão do sistema capitalista. Significa afirmar que a ética do trabalho, da poupança, da vocação para o trabalho duro e para a prosperidade são valores caros para a rotina capitalista de adquirir lucro renovado. O espírito do capitalismo não é enriquecer, isso ocorre em qualquer contexto econômico. Sua particularidade está na conquista de lucro renovado, quer dizer, na rentabilidade que viabilize um processo contínuo de enriquecimento. A riqueza rápida e resultante de impulsos arriscados está mais ligada aos aventureiros, não ao capitalista. Para este, trabalho duro, planejamento racional e dedicação apaixonada à oportunidades constituem o que Weber considera o espírito do capitalismo.

A ação econômica, como toda ação social, está basicamente fundamentada numa expectativa subjetivamente motivada. Dessa forma, êxito ou fracasso depende do *status* que ela ocupa no sistema de valores do indivíduo que a executa. Weber apresenta sentenças comportamentais destacadas por Benjamin Franklin que seriam sinais sintomáticos do espírito do capitalismo ou do modo americano de ganhar dinheiro. Ética social compartilhada por toda a nação: tempo é dinheiro, ou tempo só deve ser gasto para ganhar dinheiro; crédito é dinheiro, já que seu bom uso o multiplica; o bom pagador é dono da bolsa alheia; toda ação, por menor que seja, deve ser considerada quando afetar o crédito.

Na direção comportamental guiada pela virtuosidade em relação ao trabalho e ao dinheiro está o homem que enriquece de maneira vocacionada. O fiel dedicado ao trabalho se realiza nas atitudes disciplinadas do dia a dia que o levam à prosperidade e aproximação com Deus, uma vez que seu sucesso passa a ser visto como resultado de aliança com Ele, materializada na riqueza resultante de seu esforço e trabalho duro.

Mais uma vez, torna-se claro como o indivíduo motivado se posiciona no centro da análise sociológica de Weber. Nesta lição, portanto, percebeu-se a importância da motivação religiosa no processo de construção de relações sociais e o peso de tal orientação nas outras esferas da vida em sociedade.

Sétima lição

Economia

O livro mais importante de Weber foi *Economia e sociedade*. Nele construiu várias categorias sociológicas fundamentais para a delimitação de sua sociologia compreensiva. Em tal percurso analítico, dedicou-se ao estudo da esfera econômica, mais precisamente, da gestão econômica no capítulo II. No referido texto, não se propôs a elaborar uma teoria econômica, a exemplo de uma teoria do valor – como o fez Marx –, mas à definição de conceitos e suas relações sociológicas nesse contexto. Portanto, não se trata de um manual de economia, mas de conceitos e reflexões sobre a mesma no âmbito das relações sociais, embora, pela complexidade analítica, torna-se possível constatar, também, o esforço em termos de teoria econômica, embora não fosse sua principal preocupação. Talvez, o mais prudente seria dizer que Weber se ocupou mais em construir uma sociologia econômica do que propriamente uma ciência econômica.

Como em outras abordagens, percebe-se que a história assume lugar importante no pensamento de Weber, e com a esfera econômica não foi diferente. No tocante ao capitalismo, afirma que o mesmo não é exclusivo da cultura ocidental, tendo em vista sua evidência histórica em outros contextos, especialmente pela presença do mercado e de um tipo de ação socialmente motivada pelo fim econômico, que ocorreu em outras civilizações desde a Antiguidade. O que define a peculiaridade do capitalismo moderno, para ser mais claro, é o processo de racionalização próprio da cultura ocidental.

Para esclarecer o entendimento de Weber sobre economia, torna-se indispensável atentar para, pelo menos, três elementos: o histórico, o sociológico e o da Teoria Econômica. O primeiro se refere à preocupação de não se limitar a possíveis leis que estariam imunes de condicionantes contextuais, como se a economia tivesse estruturas semelhantes às das ciências da natureza. Quanto ao elemento sociológico, entende-se como a ação motivada subjetivamente segundo a qual cada indivíduo age por interesses que lhes são caros. Dessa forma, um empreendimento pode ter resultados diferentes em se tratando de indivíduos com subjetividades discordantes em termos de motivação. Finalmente, sua compreensão sobre a economia se baseia em conceitos e fundamentos próprios da ciência econômica, com destaque à gestão econômica como aquela guiada por fins à obtenção de bens e serviços a partir da noção de utilidade.

Seu ponto de partida, em *Economia e sociedade*, é a ação economicamente orientada, que se define quando o sentido visado se refere à satisfação do desejo de lograr êxito sobre utilidades. Assim, o sujeito age economicamente sempre quando tem o interesse de satisfazer necessidades. A gestão econômica, por sua vez, consiste no "exercício pacífico do poder de disposição" (WEBER, 1998), que significa a ação de dispor, quer dizer, de gerir, de organizar a partir da motivação economicamente orientada.

O papel da subjetividade motivada define o foco da sociologia econômica de Weber. Assim, mais que leis gerais, as atitudes e escolhas dos indivíduos estão no cerne da compreensão econômica. Nessa perspectiva, o conceito de utilidade é fundamental, pois Weber a entende como probabilidades cuja importância orienta as atividades econômicas através de bens (objetos) e serviços (atividades humanas) que tenham poder de aplicabilidade, quer dizer, de serventia que viabilize os meios para se atingir fins da atividade econômica. Meios que atinjam fins segundo oportunidades econômicas estabelecidas pelo costume ou lei. São os fins que orientam a economia, enquanto as oportunidades são as condições históricas para tanto, decorrentes de orientações sociais como a tradição, a ordem jurídica ou o cálculo racional.

No tocante à ação econômica no contexto capitalista, Weber elabora uma brilhante análise no seu texto mais conhecido: *A ética protestante e o espírito do capitalismo*[2]. Seu entendimento caminha na direção de esclarecer a cultura ocidental, especialmente quanto à peculiaridade do processo de ordenamento racional nas relações sociais.

Conhecimento e observação empírica sobre astronomia e medicina, por exemplo, foram realizados em outras civilizações, tais como Índia e China. Porém, a fundamentação matemática grega e o pensamento racional sistematizado na mecânica e física, por exemplo, são próprios do Ocidente. O moderno laboratório, assim como o método experimental e a química racional, além do rígido esquema jurídico romano, do mesmo modo, só são encontrados em tal civilização. No mesmo caminho, a formação de funcionários especializados, com destaque ao campo jurídico, pilares ao Estado e à empresa modernos, também só ocorreram no Ocidente. Todos os exemplos citados destacam o modo particular de notação formal e elaboração

---

2. *A ética protestante e o espírito do capitalismo*. 5. ed. São Paulo: Pioneira: 1987.

de conceitos, além de sofisticados mecanismos de controle cada vez mais efetivos em suas tecnologias para a obtenção de fins planejados.

O capitalismo moderno também se enquadra nesse processo de controle racional da vida. Para Weber, outras formas de capitalismo ocorreram em versões chinesa e indiana, mas só adquire a forma moderna na medida em que se torna particular pela ação guiada pelo cálculo à obtenção de lucro. Capitalismo, portanto, baseia-se na ação racional que se orienta pela expectativa de ter lucro segundo a utilização de possibilidades de troca, as quais gerem rentabilidade pelo planejamento sistemático de recursos. Portanto, não se guia pelo lucro ou ganância de riqueza. Desejo de enriquecer pode ser constatado em quase todo lugar, não necessariamente no capitalismo. Mas, lucro renovado pelo cálculo contábil, seguindo orientações matemáticas e a disciplina para o trabalho (livre), são particularidades do capitalismo ocidental.

O homem virtuoso, nessa perspectiva ética, acumula dinheiro pelo trabalho e pela poupança, pois não desperdiça o que ganha de qualquer modo, principalmente com deleites mundanos. A razão de ser do homem, sua motivação principal é o seu negócio, sempre mais rigoroso em termos de controle racional dos processos. Desse modo, o trabalho é visto como vocação, no sentido de que passa a se sentir chamado, convocado por Deus, estimulando uma devoção aos afazeres cotidianos como forma de enriquecimento espiritual, tal qual preconiza sua educação religiosa protestante.

Com a Reforma Protestante, difunde-se a ideia revolucionária de que entre o homem e Deus não é preciso intermediários (santos), somente a sua palavra. Essa relação direta se concretiza na medida em que o fiel, por meio da devoção e do trabalho, dedica-se ao máximo na obrigação pessoal de realizar suas obrigações diárias. Desta maneira, Weber estabelece uma relação causal entre a ética protestante e o espírito do capitalismo moderno.

A racionalização se estende aos campos científico e econômico. Significando dizer que o desenvolvimento da sociedade moderna intensifica meios cada vez mais eficientes de controle sobre a vida das pessoas pelos instrumentos e máquinas, pela burocracia ou pelo ordenamento jurídico.

Para Weber, portanto, os valores religiosos protestantes e os econômicos capitalistas apresentam profunda afinidade, especialmente em relação ao trabalho como vocação. E a conduta racional baseada na vocação orienta a formação profissional extremamente qualificada, conduzindo o religioso ao burocrata impessoal, um agente indispensável ao capitalismo moderno, de sangue-frio e rigor matemático.

Em um mundo cada vez mais racional e controlado por instrumentos e regras burocráticas, homens e objetos se confundem. Máquinas, horários, jornadas de trabalho, metas, obrigações em escala geométrica etc. se transformam no que Weber denominou de *jaula de ferro* que aprisiona o homem e lhe rouba seu bem moderno mais caro: a liberdade. Assim, ser livre e racional são, paradoxalmente, fontes de encarceramento. A superioridade ocidental apresenta sua fragilidade naquilo que mais lhe destaca, de modo que a exaltada razão e a liberdade política traduzida em democracia redundam na prática, por um lado, em ciência, riqueza, domínio bélico e econômico, e, por outro lado, em homens frios, individualistas, solitários e recalcados. Sobre esse último aspecto, Sigmund Freud fará suas incursões analíticas.

Cada vez mais dependente de máquinas, a humanidade se converte em uma também, como peça sem vida e parte de engrenagens motoras. Pode-se dizer, então, que o homem moderno, com sua economia racional e burocrática, entrou em um processo de desumanização, no qual o valor das pessoas é calculado pela eficiência competitiva e impessoal do mercado.

O pensamento weberiano apresenta profunda coerência. As compreensões relativas à religião, à economia e ao direito estão interligadas historicamente, de modo que o entendimento de um leva, necessariamente, à reflexão de outro. Assim, analisar a dimensão religiosa requer a devida ponte com a economia, como foi destacado neste espaço do texto.

Na próxima lição, dedicada ao direito, novamente será necessária a retomada de entendimentos anteriores. Nessa linha de raciocínio, parece oportuno e seguro afirmar que no pensamento de Weber há articulações centrais, semelhantes a um pilar conceitual que sustenta o monumento analítico de sua obra.

Vejamos, portanto, sua compreensão sobre o direito a seguir.

Oitava lição

Direito

Nos dois volumes de *Economia e sociedade* Weber se dedica ao estudo do direito, algo em torno de cento e oitenta páginas escritas com sua habitual densidade e riqueza de detalhes quanto à erudição analítica e o variado conhecimento histórico do fenômeno jurídico no âmbito europeu e fora dele.

Para este momento será tomado como referência a reflexão da ordem jurídica presente no capítulo dedicado à "Economia e as ordens sociais", da segunda parte do primeiro volume de *Economia e sociedade*. Esse texto é especialmente importante, uma vez que trata de diferenciar conceitualmente os pontos de vista jurídico e sociológico em relação ao direito.

Como um dos pioneiros da sociologia, quer dizer, preocupado em demarcar seus horizontes e abordagens teóricas e metodológicas, Weber esteve também disposto a diferenciá-la de outras ciências, a exemplo da psicologia e do direito. Na lição relativa aos aspectos biográficos, ficou claro que a primeira formação de Max Weber foi na área jurídica, assim como sua atuação profissional durante certo tempo, antes de dedicar-se ao ofício da carreira acadêmica. Nesse sentido, pode-se dizer que ele tinha sólida base empírica e teórica para tratar desses assuntos e o fez enriquecendo de elementos econômicos. Mais posteriormente, na fase adulta de sua vida, ampliou os estudos com substantiva fundamentação sociológica. Em outros termos, construiu o que pode ser denominado de sociologia jurídica, cujo formato está permeado de importantes elaborações conceituais de sua monumental obra. Nesse momento, cabe, portanto, a oportuna lembrança de que os escritos sociológicos estão na fase mais madura de Weber, e seus trabalhos iniciais foram direcionados principalmente ao direito e à economia.

No intuito de estabelecer um campo de investigação particular, segue a orientação de estabelecer fronteiras entre as áreas jurídica e sociológica. Nesse caso, entende que o direito, no âmbito de seu universo de estudo e atuação, busca o *dever ser*. Como corpo sistemático de análise sobre o ordenamento social, cabe a ele criar, segundo racionalizações normativas, critérios de convivência e de sociabilidade que viabilizem formas pacíficas de convivência baseadas em uma ordem política legítima, inclusive ao uso da violência.

O direito, por tais termos, estuda e define sua prática sobre convenções sociais de legitimidade e justiça, alicerçadas em rituais (processos) reconhecidos pelos pares que formam um campo próprio com regras de prestígio e etiqueta.

Por outro lado, a sociologia se refere à ciência da ação social, preocupada em compreender interpretativamente as escolhas dos sujeitos segundo motivações ou interesses particulares. A ação social se refere a decisões intencionais, àquilo que o indivíduo julga conveniente para ele na ocasião. Ao contrário do direito, portanto, essa ciência está interessada com *o que é*, não com o *dever ser*. Não cabe à pesquisa sociológica afirmar como a sociedade ou os indivíduos devem se comportar. Ao contrário, a ela diz respeito a tarefa de entender as conexões de sentido que os indivíduos constroem em processos de interação motivados por seus interesses.

Nos estudos sobre o direito, presentes em *Economia e sociedade*, Weber se detém à construção de análise sociológica, não jurídica propriamente. Significa dizer que sua preocupação se direciona ao entendimento das transformações no plano da jurisprudência em termos históricos e institucionais. Mais especificamente, concentra as atenções na formação do direito racional moderno e de que modo este se diferenciou de formas patrimonialistas, àquelas típicas das sociedades pré-modernas, em cuja tradição e força das relações pessoais se sobrepunham aos valores como indivíduo livre, impessoalidade e racionalidade instrumental.

Tal como fez com a economia, no campo jurídico vai se preocupar com o processo de racionalização peculiar da cultura ocidental, mais precisamente, no desenvolvimento da burocracia e sua implicação típica sobre uma ordem social específica. Quer dizer, como os indivíduos definem as escolhas segundo que lhes é posto na forma de lei.

Há, nesse caso, a não determinação das regras sobre o particular, nem tampouco do indivíduo sobre a sociedade, mas a relação causal estabelecida entre o processo cultural do Ocidente de racionalização do direito e, ao mesmo tempo, como cada um posiciona sua ação diante de tal contexto. O indivíduo decide sua ação, se vai obedecer à lei ou não, do mesmo modo que a ordem jurídica está historicamente construída para condicionar e até mesmo limitar as vontades e impulsos privados.

Em termos sociais, ocorre que as pessoas não se comportam, de modo determinante, em função do que está escrito na forma de lei. Ao contrário, as leis são mais duráveis pelo fato de as mesmas obedecerem a certas formas sociais que estão sedimentadas há muito tempo. Em outros termos, ao contrário do que se possa imaginar, não é a obediência à ordem ou ao dever jurídico que faz com que as pessoas definam seu comportamento, mas sim pelo hábito a certas regularidades e aprovações e desaprovações do mundo circundante.

Existe uma dimensão subjetiva e racional no direito que o diferencia do mero costume e, a partir do caráter coativo que obriga o cumprimento das normas impostas, constitui-se propriamente como direito. Nas palavras do próprio Weber: "O 'direito' é para nós uma 'ordem' com certas garantias específicas da probabilidade de sua vigência empírica" (WEBER, 1998: 210).

Para ampliar seu conceito, refere-se ao "direito objetivo garantido" àquele que depende do aparato construído por pessoas específicas para impor uma ordem prevista pela coação jurídica. A forma de impor coação pode ser psíquica ou física. De todo modo, pensar em "direito", na concepção weberiana, requer a existência de coação jurídica, aquela relacionada ao processo de formação do Estado, que consiste no monopólio do uso legítimo da força física, e isso não se aplica somente à cultura ocidental.

A ideia central na análise do direito de Weber, seguindo essa linha de raciocínio, é a de *vigência* da norma jurídica. Esse entendimento possui forte elemento sociológico, pois afirma que as pessoas não se submetem à ordem jurídica em função do elemento coativo próprio do direito, mas da força relativa ao meio circundante, do elemento utilitário e ético, quer dizer, da aprovação ou reprovação própria do ambiente social. Isso significa que, embora exista um direito subjetivo, aquele que garante ao indivíduo, segundo o aparato coativo, as possibilidades para realizar certos interesses, a vigência da norma está diretamente relacionada ao universo social.

Em certo sentido, a aplicação do direito diz respeito à probabilidade que certas pessoas especializadas possuem de intervir, segundo seu preparo e formação, para tanto. Percebe-se, mais uma vez, o destaque que Weber dá à força e necessidade dos especialistas, tanto para o pensamento quanto à operacionalização de processos, seja na religião ou, neste caso, no direito. No Estado moderno, com o aumento crescente da racionalização sobre todos os setores da vida, constata-se que no campo da jurisprudência, também, há necessidade de profissionais, de sacerdotes treinados para a ação.

Tais especialistas irão trabalhar sobre o direito que alguém possui de conseguir o aparato coativo necessário para realizar seus interesses, no âmbito de uma ordem jurídica estatal. Esse direito (subjetivo) é garantido na medida em que a pessoa recorre aos profissionais específicos para que os mesmos invoquem normas jurídicas apropriadas, no plano de formas habituais ou processuais, ao apoio do Estado e de seu aparato coativo para quem lhe invoca nos termos da ordem legítima.

Para melhor esclarecer, existe um direito subjetivo que possibilita a cada pessoa invocá-lo para garantia de interesses concernentes ao que tal formalidade estabelece como justo. Tal direito garante os meios de poder, da autoridade instituída, necessários à defesa dos interesses de quem o invoca nos seus termos. Em resumo, quando alguém demonstra, através de especialistas treinados e pelos meios formais exigidos, que seus interesses dizem respeito ao que é consagrado como direito (subjetivo), é como se o Estado assumisse aquele interesse do indivíduo como sendo seu. Quem se coloca na condição de réu não assume essa condição diante do outro indivíduo, mas da autoridade política/jurídica. Na verdade, a dinâmica que se processa, a partir de então, ocorre no palco jurídico, tendo como vencedor aquele que dispuser dos meios mais sofisticados, juridicamente falando, para ganhar a batalha. O Estado não é simplesmente mediador, mas o ente a ser "convencido" para impor seu aparato coativo para um lado ou outro do conflito.

Essa visão assume caráter sociológico porque o poder coativo do Estado precisa ser provocado por indivíduos interessados em ter suas expectativas garantidas. Sem as demandas sociais, sem a dinâmica e motivações de indivíduos e grupos a mobilizarem forças, o direito, literalmente, perde sua razão e efeitos, em termos sociais.

O conceito de direito, na acepção weberiana, é assegurado quando há, por parte dos membros de um grupo político ou religioso, a função de juiz ou algo semelhante responsável por ser o "terceiro" elemento, o órgão "imparcial" e "desinteressado" em relação a quem busca garantir o seu direito subjetivo.

Resumidamente, vamos destacar algumas compreensões de Weber sobre o direito e seu alcance em relação à economia e outras esferas sociais:

1) Inicialmente, começa pela afirmação de que o direito garante os interesses econômicos e os elementares, como a segurança pessoal e os bens, a honra e o patrimônio. Garante também a autoridade política, a eclesiástica e a familiar;

2) A ordem jurídica não necessariamente sofre alterações com mudanças econômicas, tendo em vista a existência de contratos livres. Embora, no processo de racionalização, cada vez mais, as ações sejam mediadas pela formalização contratual das associações;

3) Em um sentido mais amplo, as garantias jurídicas atendem aos interesses econômicos. De forma direta ou quando tais interesses influenciam na formação do direito, haja vista que, em grande medida, os grupos estão condicionados por interesses de ordem material;

4) Os meios penais e de coação, mesmo os mais fortes, não logram êxito quando não há

submissão. Quer dizer, o direito necessita de uma educação que favoreça a submissão e a obediência. No momento em que as relações e conflitos sociais tentem a se resolver pacificamente, em termos da racionalidade política e jurídica, percebe-se que se atingiu uma *educação para a submissão*. O contrário ocorre na esfera econômica, uma vez que o poder do direito sobre a economia ficou mais precário e as relações de mercado ganham mais destaque e conhecimento do que as jurídicas, ao ponto que as pessoas tendem a conduzir suas escolhas ou interesses pela racionalidade econômica, não, necessariamente, pela jurídica. Em linhas gerais, a coação jurídica vem ao apoio e garantia de monopólios, não necessariamente ao controle da economia;

5) Do ponto de vista teórico, nas palavras de Weber, o Estado não é necessário para a economia, pois houve momentos históricos em que moeda, negociações, pagamento de dívidas e tantas outras manifestações do fenômeno econômico existiram sem a presença do aparato estatal. Mas, em termos modernos, o funcionamento da ordem econômica depende diretamente de uma ordem jurídica, que pertence ao Estado. Nesse contexto, o direito deve garantir de forma rápida e segura as negocia-

ções firmadas em uma economia baseada no *entrelaçamento universal do mercado* e, para tanto, o papel do ordenamento estatal assume importância destacada. Oportuno se faz o destaque da atualidade e abrangência da obra de Weber, pois, na sua época, não se falava em globalização.

Para concluir esta lição, deve ficar claro a observância de Weber quanto à tendência do domínio universal do mercado que requer, ao funcionamento pleno, um direito racional e calculável para fins de monopólio econômico, também universal e sobreposto às estruturas políticas particulares, mediante sua coação jurídica e legítima sobre pessoas "educadas" para a submissão.

O processo de racionalização da vida, várias vezes apresentado nas lições, adquire forma e conteúdo na burocracia. Na próxima lição será analisado seu entendimento sobre a mesma.

Nona lição

Burocracia

Nas lições passadas, muito foi explorado do entendimento weberiano quanto à cultura ocidental, caracterizada pelo processo de racionalização da vida e no desenvolvimento contínuo de instrumentos de controle.

Em termos modernos, seja na economia, na religião ou na prática cotidiana, os passos dos indivíduos estariam cada vez mais monitorados por meios sutis. Para Weber, nessa perspectiva, o tipo de ação social predominante seria a racional com relação a fins, a que se estabelece segundo interesses bem-definidos a conquistar objetivos planejados. Dessa maneira, na Modernidade, o homem teria (tem) horários, regras de conduta, tecnologias (celular, internet etc.), estatutos e regulamentos presentes nos diversos setores da sociedade, caracterizando o fenômeno da instrumentalização. Nas palavras do próprio Weber, seria a famosa "jaula de ferro" que aprisiona os indivíduos.

Nesse cenário de controle, Weber destaca a burocracia como sendo um poderoso instrumento a moldar instituições e definir processos de relacionamento social. A rigor, o avanço da Modernidade seria também o da burocracia.

A mesma é responsável pelo gerenciamento dos princípios jurídicos e oficiais organizados por leis, regulamentos ou normas administrativas (WEBER, 1982: 229). Os dirigentes de governos e empresas, por exemplo, estruturam seu funcionamento a partir de pessoal especializado segundo critérios e regras definidas em torno de uma *autoridade burocrática* legítima, que garante o exercício regular de procedimentos e ações indispensáveis ao funcionamento da administração. Além disso, seus funcionários possuem a autoridade de dar ordens e usar dos meios de coação legítima para garantia da execução das obrigações oficiais. Finalmente, baseia-se no rigor metódico para a execução de tarefas regulares previstas por lei que asseguram deveres e direitos. Nesse sentido, a burocracia requer pessoal muito qualificado ao exercício de atividades previstas e reguladas.

Toda organização burocrática exige o princípio da hierarquia, tendo em vista que o sistema se baseia em regras de subordinação e supervisão. Nesse caminho, a administração necessita de documentos escritos e arquivos, de modo que toda a movimentação burocrática da atividade oficial, seja na repartição pública ou no escritório privado, dependa dessa capacidade, em um espaço bem diferente do privado. A residência, portanto, está dissociada do escritório ou da repartição, os quais requerem rituais diferentes, e a influência de um sobre o outro descaracteriza ambos. Portanto, hierarquia dissociada de laços familiares ou personalistas.

Para se pôr em movimento um aparato burocrático marcado pela impessoalidade torna-se necessário o treinamento especializado e exaustivo que se estende por anos aos agentes. Os funcionários constroem carreira pelo acúmulo de conhecimento e no desempenho repetitivo de tarefas ritualizadas e preestabelecidas por normas gerais. Mas o ponto de partida para ingressar, como agente burocrático nessa estrutura, ocorre a partir de uma certificação estamental – um diploma reconhecido publicamente que define um grupo profissional de pertencimento: advogado, contador, professor etc. – que titula e licencia o sujeito a entrar no serviço público ou privado.

Quando Weber se debruçou ao estudo da burocracia, seu contexto era a Alemanha recém-unificada, notadamente dirigida pela Prússia, cuja estrutura burocrática era bem conhecida. Seu entendimento, ao pontuar os pilares da burocracia, está pautado na ideia metodológica de tipos ideais, quer dizer, na elaboração de modelos que permitam entender a realidade pela análise comparativa do tipo com o real observado. Quer dizer que, mesmo no âmbito alemão, de forte experiência no assunto, a burocracia não era, na prática, totalmente reproduzida como no modelo puro. Weber pretende destacar o que existe de mais recorrente e típico, não necessariamente afirmar como deve ser. E sua investigação está focada na compreensão do significado de tal burocracia no contexto moderno, momento no qual há o incremento de regras burocráticas nas relações sociais.

Isso significa que os cargos modernos estão reduzidos a regras legais e o funcionário não delibera uma decisão para cada caso, mas, ao contrário, diferente de atitudes patrimonialistas, tem a conduta orientada pela impessoalidade de conteúdo abstrato. Dessa maneira, a atuação no cargo burocrático é uma profissão no sentido de requerer treinamento, atenção rígida às normas do trabalho e, principalmente, a noção de dever bem valorizada.

No tocante às origens, o desenvolvimento da economia monetária, fundamentada em dinheiro, e a capacidade de pagar funcionários, viabilizou a burocracia. Com isso, pode-se afirmar que a mesma não tem na Modernidade seu início. Ao contrário, Weber afirma que no Egito, em Roma e na Igreja Católica houve, bem antes, o fortalecimento de uma estrutura burocrática como forma de ordenamento e execução de tarefas oficiais. Em todos os exemplos, a capacidade de pagamento a funcionários, mesmo em tempos de crise, fortaleceu o poder do senhor, do império, da Igreja, do Estado, enfim, de arrecadar impostos e munirem-se de condições institucionais ao ajuste, controle e ordenamento de sua esfera política.

Se no passado o que motivou o surgimento da burocracia foi a necessidade de construir exércitos e a capacidade pública de financiá-los de modo permanente, na Modernidade seu desenvolvimento decorre da complexidade das relações sociais. Uma sociedade tende a se burocratizar quando são ampliadas relações pacíficas no âmbito da ordem política e jurídica. O Estado moderno assume o centro disseminador de regras e o seu maior número de tarefas só se torna possível através de uma estrutura burocrática diretamente relacionada aos instrumentos de comunicação e meios técnicos disponíveis.

Do ponto de vista técnico, Weber atribui à organização burocrática rigorosa e treinada maior vantagem em relação a outras formas. No seu funcionamento típico, a capacidade de "precisão, velocidade, clareza, conhecimento dos arquivos, continuidade, discrição, unidade, subordinação rigorosa..." (WEBER, 1982: 249) são elementos cruciais para a administração pública e privada. Um exemplo ilustrativo é a economia mercantil capitalista, que exige destreza de seus funcionários ao estabelecimento de negociações seguras em escalas gigantescas que evolvem países distantes. As grandes empresas capitalistas são um forte exemplo da organização burocrática.

Tais características favorecem o cálculo de regras, quer dizer, o poder de chegar a respostas possíveis e antecipadas pelo conhecimento das etapas e processos próprios da estrutura burocrática tipicamente impessoal e desumanizada. Em uma sociedade complexa de níveis crescentes de especialização, o perito objetivo e criterioso da burocracia assume lugar privilegiado, uma vez que boas ideias, intenções e a própria justiça têm o dinamismo circunscrito na teia de relações e engrenagens burocráticas.

No campo particular do direito, a racionalidade própria da burocracia moderna rompe com atos jurídicos relativos às tradições sagradas. Isso implica o uso da interpretação baseada em normas abstratas e legítimas que dificultam o personalismo ou tendências subjetivas. Em condições democráticas, por exemplo, a igualdade perante a lei e certas garantias legais enfraquecem a força arbitrária da ordem política vigente.

Do ponto de vista das técnicas, o aumento de sua capacidade incrementa também a estrutura burocrática. Essa afirmação significa que onde as estruturas menos modernas ou mais tradicionais foram tecnicamente fortes, constatou-se o progresso tardio. Para esclarecer melhor, tome-se o Brasil como exemplo.

Mesmo o país iniciando um processo de burocratização moderna a partir da República, a força técnica e de pessoal da velha estrutura monárquica e patrimonialista impediu o progresso pela força da própria burocracia colonizada pelos valores das caducas estruturas de poder. Não é à toa que a profunda transformação política provocada pelo Governo Vargas se deu pela nova configuração burocrática imposta ao Estado brasileiro, o que permitiu o processo de industrialização e a concepção de orientações modernas que se estenderam à sociedade, com destaque à esfera trabalhista, viabilizada por poderosas técnicas burocráticas.

Outra característica marcante da burocracia é que, quando ela adquire força e se estabelece socialmente, torna-se de difícil destruição, pois assume o caráter de instrumento de poder capaz de intervir na socialização e estabelecer condições normativas para as pessoas. O indivíduo ou grupo que controla o aparato burocrático possui em suas mãos os elementos centrais, as chaves, por assim dizer, do poder. Em resumo, nas condições modernas, o poder tem contornos burocráticos.

A superioridade técnica aumenta a burocracia e a Modernidade tende a continuar se organizando por seu turno. Como instrumento de poder, seus especialistas terminam por se tornar o grupo privilegiado, pois detêm as informações preciosas da estrutura política, além de conhecerem os caminhos processuais para se chegar aos resultados mais vantajosos no âmbito de seus interesses. Nesse caminho, torna-se fácil entender por que Weber afirma que toda burocracia tende a aumentar o poder de seus especialistas.

Em um mundo de burocratas e relações racionalizadas, previstas em lei, não é difícil entender a importância do treinamento e das instituições de ensino. De certo modo, mais do que educar para a cidadania crítica, como muitos costumam dizer, parece que a educação atende aos interesses de outra configuração. Ela não forma para a vida, mas sim para a burocracia moderna.

A leitura dos textos weberianos está cheia de resignações que sugerem atitudes reclusas e cautelosas em relação à Modernidade. É possível identificar uma visão até pessimista, uma vez que o horizonte dito civilizado tende a oferecer gradativas técnicas racionais e burocráticas sobre a vida das pessoas.

Os momentos de reflexão que sugerem algo distinto são encontrados nos estudos relativos ao poder carismático e sobre a formação erudita. Diferente do burocrata frio e calculista e das estruturas patriarcais dotadas de tradição, o carismático historicamente não se caracteriza por possuir um poder permanente. Tudo nele é instável, ao mesmo tempo em que, na fuga da rotina e desrespeito a qualquer ordem econômica racional, sinaliza para o improvável, àquilo que desnorteia a ordem e cria algo novo. Por outro lado, quando trata da "Ciência como Vocação" (WEBER, 1982) – texto explorado na lição sobre ciência –, e nos escritos sobre a universidade, nota-se o valor que Weber atribui à formação acadêmica baseada na erudição. Não se trata de transformar o ensino superior em conhecimento especializado e dependente do mundo burocratizado e instrumental. Para Weber, só o profissional dedicado à carreira com vocação assume valor destacado na visão de mundo que ele construiu para si.

Na próxima e última lição, será destacada essa visão de Weber quanto ao papel do professor universitário. Em certo sentido, a lição que encerra o livro se assemelha à primeira, uma vez que sugere a reflexão de tópicos biográficos através de publicações de caráter mais jornalístico e político acadêmico do nosso autor.

Décima lição

O intelectual

Alguns autores construíram textos significativos sobre o papel dos intelectuais. Talvez o mais conhecido seja Gramsci, com sua abordagem sobre o significado deles para a cultura e o intuito de desmistificar o que se notabilizou como detentores absolutos do saber[3]. Nessa perspectiva, bem definida a partir da influência de Marx, a relação entre pensar e agir é indissociável, de modo que a política e o ato de conhecer fazem parte do mesmo processo em uma sociedade construída sobre relações conflituosas, cujo resultado é a luta entre classes antagônicas, determinadas pelo universo material de exploração, com destaque ao contexto histórico do capitalismo.

Weber segue outro caminho em relação a tal assunto, com a conduta intelectual estabelecida no campo acadêmico e universitário. Não teve, assim,

---

3. *Materialismo histórico e a filosofia de Benedetto Croce*. Rio de Janeiro: Civilização Brasileira, 1981.

atuação em sindicatos ou no governo, embora se tornou, pela erudição, alguém sempre requisitado para assuntos políticos do Estado alemão.

O contexto acadêmico vivido por ele exigia que o pretendente à carreira universitária docente fosse iniciada como *Privatdozent*. A partir da publicação de livro baseado na tese de doutorado era oferecido um curso para quem se interessasse. O pagamento das taxas pelos alunos matriculados seria a forma de remuneração. Após longo percurso e investimento erudito, além do reconhecimento dos pares da relevante produção acadêmica, tal professor era nomeado para uma cátedra e, só assim, assumia o *status* de professor universitário propriamente dito. A estrutura buscava privilegiar o mérito a partir do conselho de acadêmicos respeitados que avaliavam a nomeação.

No caso particular do próprio Weber, sua carreira teve início, como *Privatdozent*, na Universidade de Berlim, onde foi professor de Direito. Foi em 1893 que assumiu a cátedra de Economia na Universidade de Heidelberg e depois diretor da importante revista de ciências sociais: *Archiv für Sozialwissenschaft und Sozialpolitik*. Como intelectual, a postura adotada por Weber se orientou pela crítica aguda do processo de nomeação de catedráticos na Alemanha de sua época. Em sua opinião, por trás de uma pretensa "liberdade acadêmica" haveria a escolha por outros critérios como a docilidade a grupos políticos e costumes religiosos.

Weber escreveu um artigo bastante crítico a respeito de uma nomeação intitulado "O Caso Bernhard" (WEBER, 1989). A nomeação foi feita pelo então diretor dos assuntos universitários do Ministério da Educação, Friedrich Althoff, sem que houvesse, segundo Weber, qualquer consulta à comunidade acadêmica. A tradição exigia que se elaborasse uma lista de opções a ser avaliada pelas autoridades intelectuais e, só depois, encaminhava-se o nome de um para a nomeação.

O escândalo, no seu entendimento, estaria relacionado ao momento de contradições e prejuízos por que passava a universidade alemã. A contratação de medíocres e submissos – termos usados por Weber – impossibilitava o fortalecimento intelectual das instituições universitárias e criaria mais dependência das mesmas ao governo central. A preocupação dele se tornou ainda mais concreta quando, anos mais tarde, os nazistas chegaram ao poder e arrebanharam para a sua causa muitos acadêmicos alemães. Muitos intelectuais foram seduzidos pela campanha nazista, e a universidade, que deveria ser o espaço da crítica, ficou reduzida a mais uma instituição controlada e reprodutora do nazismo.

A universidade estava se transformando em um lugar onde se proliferavam os operadores, quer dizer, aqueles profissionais que só reproduzem o pensamento dos outros e não têm condições intelectuais de criar algo novo ou pensar por si próprio, submissos, uma vez que o governo dispõe dos meios para explorar a vaidade desses intelectuais. "Um medíocre numa faculdade traz outros atrás de si" (WEBER, 1989: 42).

Os professores ligados ao governo e envaidecidos pela proximidade do poder tendem a se comportar de modo acrítico e diletante. Em outras palavras, estão guiados, como todo diletante, ao superficial e demagógico/panfletário, carentes da parcimônia investigativa e do circunspecto e metódico conhecimento. Sobre esse último ponto, a respeito da objetividade e neutralidade do pensamento, Weber defendia que tanto as universidades quanto seus professores deveriam ter cautela quando fossem emitir opiniões, seja para hostilizar ou elogiar o Estado.

A universidade não tem como objetivo incutir nas pessoas valores morais, seu papel, contrariamente, define-se no exame de fatos, seus conceitos e relações e não deve dizer a que deus seguir ou curvar-se. Precisamente, deve concentrar-se no exercício do autocontrole em termos políticos e difundir um único valor: o da integridade intelectual. É nesses termos que Weber se refere à neutralidade axiológica (WEBER, 1989: 120).

Deve o professor emitir avaliações no âmbito de sua sala de aula, independentemente se estão fundamentados em princípios éticos, culturais ou de outra ordem? Há duas possibilidades contrastantes quanto a essa interrogação. Uma, que avalia como competência da universidade fazer tais avaliações, e outra, contrária, segundo a qual tais condutas deveriam ser evitadas. Para Weber, a segunda opinião é insustentável, ainda mais porque um professor de espírito intelectual crítico e independente não poderia se limitar a atitudes "estreitas e burocráticas", desprovidas de paixão (WEBER, 1989: 121).

O primeiro ponto de vista deve ser aceitável na medida em que o professor deixe claro para seu público e para si mesmo quando seu pensamento deriva de análises sobre fatos observáveis e dedutíveis empiricamente, ou se trata de juízos de valor decorrentes da avaliação prática. Tal diferenciação seria o requisito mínimo para se manter a honestidade intelectual e não transformar a sala de aula em um palco de manifestações políticas e morais disfarçadas de cientificidade.

Weber tinha uma visão mais entusiasta da universidade no sentido de que a formação especializada e burocrática deveria ser moderada. Embora defendesse que o estudante não fosse sobremaneira influenciado pelo professor e perdesse a capacidade de pensar por si próprio nem de resolver seus problemas sozinho. Cabia ao professor disseminar a ideia e orientar sua conduta no princípio de que a única forma de se tornar uma personalidade de destaque decorresse da dedicação incondicional à tarefa, sempre atento para as obrigações e exigências do contexto histórico. Nesse caso, não se aconselha que a análise científica esteja misturada de questões pessoais. Para resumir, Weber exalta bem mais a profissão do que o culto da personalidade que para ele estava se tornando tão recorrente na universidade e fora dela.

A universidade não pode assumir a função de criar funcionários fiéis para o Estado, mas sim tornar-se o espaço da diferença de ideias e que permitisse apontar para aqueles envolvidos na atividade política quais são as melhores possibilidades quanto à tomada de decisões práticas, além de indicar os principais fatos envolvidos e que devem ser levados em conta quando certas decisões forem tomadas.

Como intelectual que era e se fazer conhecer por seus escritos e palestras, Weber externou seu entusiasmo em relação à universidade e ao poder da erudição. No lugar de anunciar para todos os lados opiniões políticas superficiais e assumir postos e cargos no governo, a reproduzir docilmente interesses hegemônicos, deve o intelectual concentrar-se na sua carreira como professor e pesquisador que tenha como norte a honestidade e a integridade exigidas para quem queira se anunciar assim.

Nos dias de hoje, quando o estímulo à produção científica assume destaque e todos os professores são induzidos a publicar cada vez mais, a leitura de Weber parece bem oportuna, exatamente para criticar o caráter burocrático e operacional como muitas pesquisas são realizadas. Sua conduta inspira outras atitudes, especialmente aquelas relativas ao empenho e valorização da carreira acadêmica e no investimento na erudição.

Embora muito fiel ao contexto histórico em que viveu, marcado por questões políticas do Estado-nação alemão em situações de guerra e outros conflitos com outras nações europeias, a obra de Max Weber parece transcender sua época e iluminar os caminhos contemporâneos, especialmente no tocante ao papel do intelectual na academia e na sociedade.

Conclusão

O percurso seguido neste livro teve o objetivo de chegar a um resultado que combina dois elementos fundamentais. O primeiro se refere ao esforço didático de apresentar aos leitores iniciantes a obra de Max Weber, a qual, reconhecidamente, possui enorme densidade e estilo erudito, muitas vezes de difícil entendimento até para os mais assíduos investigadores do seu trabalho. Segundo, procurou-se não cair na leitura simplificada e superficial, buscando interpretações fiéis ao que o autor escreveu. Assim, mesmo existindo muitos intérpretes no Brasil, além de variada bibliografia publicada em português sobre Weber, neste caso, o trabalho foi o de investigar na própria fonte elementos centrais do seu pensamento.

Escrever dez lições a partir de obra tão vasta e complexa exigiu muita leitura, disciplina e, acima de tudo, reflexões repetidas sobre conceitos e citações, de modo que o resultado foi bastante enriquecedor do ponto de vista do aprendizado.

Diante do que foi exposto, ficou claro que o ponto de partida do pensamento weberiano está no indivíduo, ou melhor, na interpretação do que o levou a agir de determinada maneira. Foi também explorado que toda relação humana, especialmente na dimensão relacional ou coletiva, sempre está permeada pelo poder, de modo que é possível inferir que quando alguém está diante de outro sempre há interesse e o poder.

Em várias lições, muito se destacou do processo de racionalização da vida, com destaque para a cultura ocidental. Essa análise de fato preocupou Weber, principalmente ao afirmar que a Modernidade seria o momento no qual o homem estaria cada vez mais refém dos instrumentos racionais de controle como a burocracia e a tecnologia. Nesse caso, percebe-se uma visão até pessimista sobre o mundo moderno.

Embora não tenha feito previsões, parece que Weber acertou nesse ponto, uma vez que as guerras, os campos de concentração, os regimes autoritários e o desenvolvimento tecnológico apontaram mais para o aprisionamento dos indivíduos e a opressão do que para a liberdade ou a emancipação do espírito.

Seu entusiasmo, quando tratou da carreira universitária e da ciência como vocação, sugere um Weber defensor da integridade intelectual. Assim, o seu mais importante legado se fundamenta no próprio estilo de vida, dedicado aos estudos e à erudição. Significa dizer que antes de buscar cargos públicos e aproximação com o Estado, o acadêmico deve manter-se sóbrio e crítico para não deixar que outros interesses lhe calem a boca. A autoridade intelectual, decorrente de longa e paciente carreira de estudos, aparece como meta a ser conquistada por aqueles que se propõem ao estudo e à vida acadêmica.

Referências

WEBER, Max. *Economia e sociedade* – Fundamentos da sociologia compreensiva. Vol. 2. Brasília: Universidade de Brasília, 1999.

_____. *Economia e sociedade* – Fundamentos da sociologia compreensiva. Vol. 1. 4. ed. Brasília: Universidade de Brasília, 1998.

_____. *Metodologia das Ciências Sociais*. 2. ed. São Paulo: Cortez, 1995.

_____. *Sobre a universidade* – O poder do Estado e a dignidade da profissão acadêmica. São Paulo: Cortez, 1989.

_____. *A ética protestante e o espírito do capitalismo*. 5. ed. São Paulo: Pioneira, 1987.

_____. *Ensaios de Sociologia*. 5. ed. Rio de Janeiro: LTC, 1982.

Comentadores

MACRAE, Donald G. *As ideias de Weber*. São Paulo: Cultrix/USP, 1975.

SOUZA, Jessé (org.). *A atualidade de Max Weber*. Brasília: UnB, 2000.

SWEDBERG, Richard. *Max Weber e a ideia de sociologia econômica*. Rio de Janeiro/São Paulo: UFRJ/Beca, 2005.

WEBER, Marianne. *Biografía de Max Weber*. México: Fondo de Cultura Económica, 1995.

COLEÇÃO 10 LIÇÕES
Coordenador: *Flamarion Tavares Leite*

– *10 lições sobre Kant*
Flamarion Tavares Leite
– *10 lições sobre Marx*
Fernando Magalhães
– *10 lições sobre Maquiavel*
Vinícius Soares de Campos Barros
– *10 lições sobre Bodin*
Alberto Ribeiro G. de Barros
– *10 lições sobre Hegel*
Deyve Redyson
– *10 lições sobre Schopenhauer*
Fernando J.S. Monteiro
– *10 lições sobre Santo Agostinho*
Marcos Roberto Nunes Costa
– *10 lições sobre Foucault*
André Constantino Yazbek
– *10 lições sobre Rousseau*
Rômulo de Araújo Lima
– *10 lições sobre Hannah Arendt*
Luciano Oliveira
– *10 lições sobre Hume*
Marconi Pequeno
– *10 lições sobre Carl Schmitt*
Agassiz Almeida Filho
– *10 lições sobre Hobbes*
Fernando Magalhães
– *10 lições sobre Heidegger*
Roberto S. Kahlmeyer-Mertens
– *10 lições sobre Walter Benjamin*
Renato Franco
– *10 lições sobre Adorno*
Antonio Zuin, Bruno Pucci e Luiz Nabuco Lastoria
– *10 lições sobre Leibniz*
André Chagas
– *10 lições sobre Max Weber*
Luciano Albino
– *10 lições sobre Bobbio*
Giuseppe Tosi

- *10 lições sobre Luhmann*
  Artur Stamford da Silva
- *10 lições sobre Fichte*
  Danilo Vaz-Curado R.M. Costa
- *10 lições sobre Gadamer*
  Roberto S. Kahlmeyer-Mertens
- *10 lições sobre Horkheimer*
  Ari Fernando Maia, Divino José da Silva e Sinésio Ferraz Bueno
- *10 lições sobre Wittgenstein*
  Gerson Francisco de Arruda Júnior
- *10 lições sobre Nietzsche*
  João Evangelista Tude de Melo Neto
- *10 lições sobre Pascal*
  Ricardo Vinícius Ibañez Mantovani
- *10 lições sobre Sloterdijk*
  Paulo Ghiraldelli Júnior
- *10 lições sobre Bourdieu*
  José Marciano Monteiro
- *10 lições sobre Merleau-Ponty*
  Iraquitan de Oliveira Caminha
- *10 lições sobre Rawls*
  Newton de Oliveira Lima
- *10 lições sobre Sócrates*
  Paulo Ghiraldelli Júnior

CATEQUÉTICO PASTORAL

Catequese – Pastoral
Ensino religioso

CULTURAL

Administração – Antropologia – Biografias
Comunicação – Dinâmicas e Jogos
Ecologia e Meio Ambiente – Educação e Pedagogia
Filosofia – História – Letras e Literatura
Obras de referência – Política – Psicologia
Saúde e Nutrição – Serviço Social e Trabalho
Sociologia

TEOLÓGICO ESPIRITUAL

Biografias – Devocionários – Espiritualidade e Mística
Espiritualidade Mariana – Franciscanismo
Autoconhecimento – Liturgia – Obras de referência
Sagrada Escritura e Livros Apócrifos – Teologia

REVISTAS

Concilium – Estudos Bíblicos
Grande Sinal – REB

PRODUTOS SAZONAIS

Folhinha do Sagrado Coração de Jesus
Calendário de mesa do Sagrado Coração de Jesus
Agenda do Sagrado Coração de Jesus
Almanaque Santo Antônio – Agendinha
Diário Vozes – Meditações para o dia a dia
Encontro diário com Deus
Guia Litúrgico

VOZES NOBILIS

Uma linha editorial especial, com importantes autores, alto valor agregado e qualidade superior.

VOZES DE BOLSO

Obras clássicas de Ciências Humanas em formato de bolso.

CADASTRE-SE
www.vozes.com.br

EDITORA VOZES LTDA.
Rua Frei Luís, 100 – Centro – Cep 25689-900 – Petrópolis, RJ
Tel.: (24) 2233-9000 – Fax: (24) 2231-4676 – E-mail: vendas@vozes.com.br

UNIDADES NO BRASIL: Belo Horizonte, MG – Brasília, DF – Campinas, SP – Cuiabá, MT
Curitiba, PR – Fortaleza, CE – Goiânia, GO – Juiz de Fora, MG
Manaus, AM – Petrópolis, RJ – Porto Alegre, RS – Recife, PE – Rio de Janeiro, RJ
Salvador, BA – São Paulo, SP